丛书编委会

总　策　划：来新国　王文成

编委会主任：郭齐勇　周晓亮

编　　　委：来新国　陈知涯　张　彧　尹格韬　沈　众

王文成　孟淑贤　周长志　罗养毅　秦　丹

乌　琛

大家精要

康有为

朱义禄 著

Kang Youwei

陕西师范大学出版总社

图书代号 SK16N1045

图书在版编目(CIP)数据

康有为 / 朱义禄著. —西安：陕西师范大学出版总社
有限公司, 2017.7（2024.1重印）
（大家精要）
ISBN 978-7-5613-9116-7

Ⅰ.①康… Ⅱ.①朱… Ⅲ.①康有为（1858—1927）—
传记 Ⅳ.①B258.5

中国版本图书馆CIP数据核字（2017）第105410号

康有为　KANG YOUWEI

朱义禄　著

责任编辑	宋媛媛	
责任校对	陈柳冬雪	
封面设计	张潇伊	
出版发行	陕西师范大学出版总社	
	（西安市长安南路199号　邮编 710062）	
网　　址	http://www.snupg.com	
印　　制	永清县晔盛亚胶印有限公司	
开　　本	650 mm×930 mm　1/16	
印　　张	10	
字　　数	100千	
版　　次	2017年7月第1版	
印　　次	2024年1月第2次印刷	
书　　号	ISBN 978-7-5613-9116-7	
定　　价	45.00元	

读者购书、书店添货或发现印刷装订问题，请与本公司销售部联系、调换。

电话：（029）85303879　　传真：（029）85307864　　85303629

目　录

第 1 章

东拾西扯苦求索

中国社会走向近代化的标志是放眼新世界与对封建顽固势力的冲击。洋务派、早期改良派与维新派，不同程度地有学习西方、实行改革和发展资本主义这一着。承担这一任务的主体，不可能来自下层群众。即使如太平天国这样高水平的农民起义，到南京后便热衷于向巩固自身的皇权进军了。这说明社会改革的新见解必然发自中上层一些有识见、有抱负的人。近代中国耸动人心的改革方案，是由康有为这样出生于儒学传统门第、又有向西方文化苦苦探索历程的人提出来的。对这一方案的缔造者康有为早期生涯的了解，是探索他的改革思想与行动前无法跨越的一环。

为儒为吏书香第

康有为的家世，具有"为儒为吏"的特色，是从康世尧（第十五代）开始的。康家发迹始于其高祖康文耀。康文耀在家乡讲学，前后有生徒千人，并建起了康氏家庙。继承了家学的康式鹏，是康文耀的幼子。康式鹏有四个儿子，除三子康自修生平不详外，康学修、康道修、康赞修都担任过相当于县一级的小官。康赞修的长子康达初是康有为的父亲。康达初在康有为11岁时就去世了，启蒙教育落到了祖父康赞修的肩上。

康有为八岁起就在祖父身边读书诵经。康赞修是道光二十六年（1846）举人，历任钦州学正，合浦、灵州、连州训导。11岁的康有为，跟祖父住在连州官舍里。康赞修引导康有为阅读儒家经典与历代文学著作，侧重在史学。康有为回忆说，览《纲鉴》得知古今，观《明史》《东华录》而知掌故，并阅读了《明史》与《三国志》等。由祖父之引导，康有为在儒学、文学、史学上打下了深厚的基础。

1858年3月19日，康有为出生于广东省南海县银塘乡（今名银河乡）。南海位于珠江三角洲的中南部，是物华天宝、人杰地灵的好地方。他家的澹如楼和二万卷书楼，是他青少年时代勤奋学习的地方。两座楼，是他叔祖父康国器建造的。康家的兴盛始于康国器。康国器在咸丰初因镇压太平天国有功于清廷，官至广西布政使，升护理巡抚。他是康氏家族中唯一一得此显荣者。同治四年（1865），康国器新授福建按察使，衣锦回故里，便筑宗祠、修园林，藏书于澹如楼和二万卷书楼中。康有为在优雅的环境里，读书园中，纵观说部与集部方面的著作。

康有为有书不读完绝不罢休的拗劲。康赞修公事之余，常带他游览连州诸名胜，如宋代理学家张栻的濯缨堂、敬一亭遗址。谈古论今，圣贤之学，先正之风，寺观之祖师、儒学之大贤，以及碑帖诗文中文学名士，皆随时指告。这激发了康有为的希圣之心，开口闭口不离"圣人"。乡亲们因其名叫"有为"，给他起了个"圣人为"的绰号。

1870年康赞修调任省城广州。康有为跟祖父在广州到处寻师访友，遨游士林，博览群书，学问与日俱增。但他对八股文缺少兴趣，引起祖父的责备，只好去学习八股制艺。1877年，祖父去世对他是很大的打击。以至三十多年后，康有为在为其乃祖遗集作序时，感恩的心情跃然纸上，说天天沉浸于古代贤哲之微言大义中，都是康赞修教诲的结果。就康有为祖先的情况看，大多是清廷的地方官吏，更多的人是从事儒学的研究和传播的士人。出身于为儒为吏这样的书香门第的康有为，17岁时看到徐继畬编著的《瀛环志略》。《瀛环志略》于1848年刊行，作者撮录中外有关著作，对各国风土人情、史地沿革及社会变迁均有论述。这是一本与魏源《海国图志》同为中国较早的世界地理志，由此书康有为知道万国之故。康有为从中获得的域外知识是很浅薄的，但中国人开眼看世界正是从粗浅的史地知识开始的。视野开阔后的康有为，常感到的是不满足。他自己说，当时窥书很多，见闻杂博，但东持西扯，苦无一位良师做向导。对康有为来说，当务之急是寻找一位名师以期取得指导。

洗心绝欲做圣贤

这位老师，就是世人尊称为"九江先生"的经学家朱次琦。朱次琦（1807～1881），广东南海人。咸丰二年（1852）任山西襄陵知县，因病回原籍。自1858年起，在九江礼山草堂执教二十余年，讲学终老。朱次琦是康有为之父康达初的老师，祖父康赞修的好友。光绪二年（1876），19岁的康有为，应乡试不售，又感学业之无成，便拜朱次琦为师。

在学术旨归上，朱次琦以程朱理学为主，兼采陆王心学。强调读经之目的在经世致用。康有为从师朱次琦后，感觉如同旅人找到归宿、盲人重见光明一样。他定了一个宏伟的目标：一是30岁前读完群书，二是不再作八股文，三是洗心绝欲做圣贤。他黎明即起，夜半才睡，研究了先秦诸子哲学，博览了唐代和唐代以前的诗文。善于思索而不盲从的康有为，其学术旨趣却不同于乃师。

学生和老师之间，在如何评价韩愈上发生了分歧。朱次琦推崇韩愈，尤赏识《原道》一文。康有为以为，《原道》是一篇肤浅的文章，韩愈只是浪有大名而已，没有什么了不起。朱次琦觉得，这个年轻人太狂妄了。疑窦在康有为身上产生了，他觉得读完群书，也是拾人牙慧，难以独抒己见。于是闭门苦思冥想、静坐养心。有时"忽见天地万物皆我一体"，感到光明大放，自以为圣人则欣喜而笑；有时想到人世间的困苦，就闷然而哭。同学见他歌哭无常，以为他是一个狂人。康有为觉得，有了"万物一体"之感，就是"圣人"了。礼山草堂三年攻读，没使他悟出人生的真谛，便于1878年冬，辞别先生回家了。

朱次琦力主经世致用的学风，对康有为影响是深邃的。康有为虽赞同陆王心学，但对其蹈虚的学风并不赞同。学风是时代精神的写照。康有为生活的时代，一面是廊庙蠹朽，国土沦丧；一面是列强环伺，蚕食鲸吞。一幕幕惊天动地的悲喜剧，在神州大地上反复映现。在后来康有为的讲学实践和维新变法中，不难发现朱次琦经世致用学风于他身上烙下的痕迹。1881年，朱次琦撒手人寰，康有为如丧考妣，连夜赶到礼山草堂，与弟子们营造坟墓，主持丧仪，称朱次琦的学说平实而敦大，溢美之情，油然可见。

离别老师的康有为，彷徨无依地回家了，郁郁不乐的他想起了风景优美的西樵山。"桂林山水甲天下，南粤名山数二樵"，是广东人形容家乡风景的谚语。"二樵"是指博罗县的东樵山（亦名罗浮山）和南海县的西樵山。东樵山以雄伟壮丽著称，西樵山以清幽秀美闻名。在灵山秀水的胜境里，康有为读了不少书，并面壁参禅，以求获得精神上的解脱。但他没有找到满意的答案。这时，康有为认识了到西樵山来游玩的翰林院编修张鼎华。之后康有为与张鼎华交往甚密，并从他那里触及近代新思想，眼界为之一开。再后来，康有为出西樵山，返银塘乡，决心以经营天下为志，闭门读书，足不出户，于唐宋历史与宋明理学刻苦钻研。1878 年刚刊行李圭的《环球游记新录》，使康有为初步了解到美国的经济制度和社会风貌。这部游记是李圭 1876 年去美游历的实录。李圭向中国人介绍了一个工业文明的世界，是中国人撰写的最早的一部美国游记。此时已家道中落的康有为，尽管为此书所动，但却无经济力量远游美国。对康有为来说，近在旁边的香港是有可能去的。

欧风美雨驰而东

1879 年，康有为到了香港。欧美风俗与文化，动摇了他原先所接受的那套传统偏见。宫室的瑰丽，道路的整洁，巡捕的执法，使他知道西人治国是有法度的，不得以传统的夷狄视之。初游香港，两种不同文化在康有为心中所激起的涟漪，尽管不甚激烈，却是一种反思的觉悟。

康有为的反思，涉及中国传统文化中的夷夏之辨。夏指中原地区，夷指四周少数民族与外邦的称呼。儒家自孔孟起，就强调夷夏之辨。夷夏之辨强调，汉族在文化上比四邻少数民族要高明，要以华夏文化去感化中原之外的化外之民；华夏与夷狄的划分，以是否接受与推行华夏文化为标准。这在历史上成为汉民族同化少数民族的包容机制，有一定的进步作用。但严夷夏之防，是一种文化自大主义，有鄙视外来文化的心态在内。历代统治者，都自居于天朝上国的地位，不愿意与少数民族的国家处于同等的基线上。到了清代，文化自大心态更形加剧。鸦片战争前后，文化自大主义已扩大到应用于西方列强，如把英叫"英夷"，把办理外交叫"夷务"。在通商、政治交涉中，处处要显示出比"夷"高出一等。传统的夏夷观念，成为顽固派盲目排外的借口。1860年英法联军之役后，各国大使馆相继在京成立，面临的一大难题就是使臣的"觐见"问题。朝内大臣辩论三个月，不少官员主张，外国使臣不拜皇帝，不符大清之定制，有失朝廷尊严。但战争以其暴力手段所造成的权威性，迫使人们去认识对手的实力。林则徐从自大与闭塞风气中走出来，他派人探听洋人的情况，主持编译《四洲志》《华事夷言》等书，成为风云际会中开眼看世界的第一人。魏源在《海国图志》中提出了"师夷长技以制夷"的著名命题，主张超出夷夏之辨的视野，以客观的眼光来看待西方。这是时代波涛的鼓荡下，克服天朝上国心态的新视野。康有为初游香港，得出对西方"不得以古旧夷狄视之"的结论，也属新视野之列。1882年的上海之行，是他向西方学习中的转折点。5月，他去北京参加顺天乡试，南归途中路过上海。他到租界兜了一圈，虽痛感国家主权的沦丧，然上海的繁盛景象，坚定了他西人治国是有法度的想法。强烈的求知欲与民族的责任感，使他在上海大量购买江南制造局翻译馆的西书。据张伯桢《万木草堂始末记》记载，上海江南制造局译印的西学新书，三十年间售出不逾一二万册，而康有为"购以赠友及自读者，达三千余册，为该局售书总数四分之一强"，为当时中国头号购买西书的顾客。

江南制造局翻译馆，在近代西学东渐中是有重要作用的。近代中国开头五十年，西学输入中国，大半通过上海。全国译书机构，较重要的凡十家，上海占其七；西书的翻译，百分之八十由上海承担。上海的译书机构，以江南制造局翻译馆为主角。江南制造局翻译馆是晚清历时最久、译书最多的译书机构，也是译书质量最好、影响最大的一家。创办于1868年的江南制造局翻译馆，于1871年出了第一本书，到停办时共出了一百六十种书。所译之书都是首屈一指的，多为西学传入近代中国的开端或代表作。数量既多，质量上乘的译书，对康有为影响是至深的。返粤后，自言大讲西学，尽释故见。这次外出，使他坚定了学习西方的决心。在变法过程中，他常向光绪帝呈送西学新书，把自己的感受记录在卷，他成了光绪帝的西学启蒙老师，推动了戊戌变法的进行。这与他早年在上海大购西书是有关联的。

穷参中西新学理

香港之行与上海之旅，使康有为把个人命运和时代风云、国家兴衰联系起来思考。回到家乡后，康有为自述当时的情况说："参中西之新理，穷天人之赜变，搜合诸教，披析大地，剖析今故，穷察后来。"对"中西新理"参穷的结果，体现在他的早期著作《诸天讲》《康子内外篇》《实理公法全书》中。

康有为自述，28岁时，在西樵山北银河乡澹如楼，因读《历象考成》而观天文。他用望远镜见到了火星的火山冰海，并推论其他星球有类似情况，由此作《诸天讲》。这部作于1886年，晚年有所补充的《诸天讲》，是康有为留存下来的唯一的自然科学著作。他运用西方近代自然科学探讨了宇宙（诸天）的形成，介绍哥白尼的日心说和牛顿的天体力学；赞同康德的"星云说"，并批判了"天不变，道亦不变"的形而上学宇宙观，为他的改革理论提供了一个科学依据。

康有为表示，自己"最敬哥、奈（牛顿）二子"。依据哥白尼日心说和牛顿天体力学，康有为反对中国传统"天上地下"的宇宙结构论旧说。在他看来，这是古人受技术条件的限制，以肉眼测天的结果。西方人用望远镜，可看到土、金、火、木诸星与地球一样，都是围绕太阳的行星；用显微镜可见到人体中的毛细血管，可见到水里的小虫跟大象那样大。技术手段的改进与提高，可以达到事不离实的地步。他认为，科学技术的发展，会变更人们对宇宙结构的陈旧见解。星运行于天，从别的星球看，地球也是在天上运行的，从不同的参照物来观察，绝不存在着"上天下地"的情况。这是不同于古代传统的一种新的宇宙结构学说。

康有为向国人介绍了"星云说"。"星云说"由康德在1755年的《宇宙发展史概论》中提出，是关于太阳系起源于原始星云的假说。这种假说认为，太阳系天体是从同一团固体尘埃微粒组成的弥漫星云中，通过万有引力作用逐渐形成的。星云最初分布在比太阳系大得多的空间内，因万有引力作用，微粒相接，逐渐形成团块。较大的团块成为引力中心，中心体因不断吸引四周微粒和小团块而壮大，最后聚集成太阳。有些微粒在向中心体降落的过程中，因相互碰撞，向旁偏转而围绕中心体做圆周运动，这些微粒各自形成小的引力中心，最后聚集成行星。行星周围的微粒按同样的过程聚集成卫星。"星云说"认识到宇宙有一个形成、变化和发展的过程。这对中世纪的形而上学自然观，是一个严重的打击。

具有近代科学因素的宇宙观，是康有为变法理论前提条件之一。哥白尼太阳系学说的创立，标志着近代自然科学冲破神学桎梏而诞生；17世纪牛顿力学的建立，显示出人类对宏观世界低速运动规律认识上的飞跃；18世纪中叶康德"星云说"的提出，象征着人类于天体世界形成与发展过程的科学认识的开始。在社会发展过程中，科学本质上是起推动作用的革命力量。它不但全面提高了人类征服自然的能力，而且能积极作用于社会生活的各个方面，其中包括对人们意识的变化。具有改革意识的康有为，是与他接受西方近代科学相关的。

《康子内外篇》撰于1886年。据他自述，内篇言天地人物之理，外篇言政教艺乐之事，全书共十五篇。内中透露出科学精神、理性之光、人道主义等与西方相关的文化气息，但却是通过对传统文化的反思表达出来的。近代中国是个动荡的大变革时代，中国向何处去成为时代的中心议题。如何才能摆脱帝国主义欺凌，获得解放？百余年来，志士仁人为解决这一问题而前仆后继。向西方文化学习什么与怎样反思中国传统文化，就是近代贤哲所关注的课题。古与今、中与西的争论与交融，构成了近代中国文化乐章的主旋律。戊戌变法时的西学与中学、新学与旧学的论争，"五四"时期的东西文化论争，是近代中国古今中西之争的历史性高潮。有高潮，就有前奏曲。对古今中西之争，《康子内外篇》已有所考虑了！

理性的曙光，是同康有为主张的人禽之别在于"智"的见解相联系的。"人道之异于禽兽者，全在智。""智"指知识与理性。康有为指出，万物皆有仁、义、礼等道德意识，并非人类的专利。如鸟类的反哺、羊羔跪地吮乳，是仁的表现；犬拼死以卫其主，是义的体现；鹿群呦呦相呼、蚁群行列有序，是礼的反映。但禽兽独缺的是"智"。这同传统文化大相径庭。在传统文化中占主导地位的儒家，尽管自先秦以后，哲人与学派的争论从未中断过，但争论各方一致地赞同人禽之别在于是否具有道德意识。自先秦孔、孟、荀，经董仲舒一直到朱熹、王阳明乃至王夫之、黄宗羲，均主张人比禽兽可贵是在于"有义"。"义"是维护封建尊卑秩序和贵贱上下的伦理原则："父慈、子孝、兄良、弟悌、夫义、妇听、长惠、幼顺、君仁、臣忠，十者谓之人义。"不"义"之人历来被看作不齿于人类的禽兽。人贵在于"有义"的这一价值观，使传统文化具有重德轻智的倾向。此一道德价值至上的判断，使传统文化对求知有所忽视。与西方文化相较，中国文化确实缺乏一种独立的、发达的知识论系统。

人的本性在求知，人贵于万物而与禽兽的根本区别是理性，是西方文化的传统。古希腊文化，是以对自然的观察和形式逻辑的分析为基础。它要求依据理性确定对象的因果关系，获取必然性的知识。亚里士多德在《形而上学》中讲，"求知是人类的本性"，可从这一意义去理解。中世纪以后，笛卡儿、斯宾诺莎、莱布尼茨、黑格尔等贤哲，均从本体论的高度构筑了理性主义哲学体系。18世纪法国启蒙学者，把理性引申到社会、政治领域，理性成为这一时代精神的精华。其基石在于人是理性的动物这一观念。理性是与人的认识能力相关的哲学范畴，是同人获取知识、求得真理密切关联的。康有为的"智"，相当于西方文化中的理性。这是康有为"参中西之新理"后，提炼出来的具有理性主义色彩的概念。

理性主义是康有为同传统的流俗与积习决裂，提出叛逆性的改革思想的哲学依据。1891年他在《长兴学记》中，提出了"逆而强学者智"与"夫勉强为学，务在逆乎常纬"的命题，就是强调人要发挥能动性来学习知识，学得愈多便愈敢于对传统进行抨击，便愈有智慧，在当时具有不可忽视的反传统意义。

对理性之光的钦慕，是康有为接受西方近代科学的内驱力。理性是和科学相伴的，理性的目的是通过正常的思维途径，对客观对象获得真理性的认识，科学是这种认识的理论形态。在《康子内外篇》中，处处可见近代科学的渗透。科学的进步，为人类开阔视野、认识世界提供了有力的工具。借助电线，可顷刻传信息于千里之外；靠留声机，可让语言传于数百年之后。这在道光、咸丰以前的年代里，虽是巨学鸿儒，必讥为妄说，但在现在，就是连小孩也懂得是日常知识。

炽热的人道主义，使康有为摒弃了宋明理学的禁欲主义。禁欲主义，是一种要求人们在一定范围内克制欲望、放弃物质享受，以达到宗教理想、道德完善的学说。"存天理，灭人欲"，是宋明理学的宗旨所在。康有为强调人的欲望是正当的、不应禁绝的。人的欲望来自形体，是"天"所赋予的，这是一种自然人性论。康有为强调，"我"是个有血气、有觉知的主体，对有利于人的生存和发展所必需的欲望，一定要遂其所欲，给其所求。这是具有近代因素的人道主义。

理性之光、科学精神、人道主义，是《康子内外篇》中贯穿着的宗旨，使康有为在古今中西之争中，站在时代的前列，为他改革社会的设想，提供了初步的理论基础。

《实理公法全书》一书，有明显的西方文化色彩。康有为同西方的唯理论者一样，以为数学是严密的科学，数学方法是有效发现真理的方法。今存《实理公法全书》成稿于 1888 年前，是模仿欧几里得《几何原本》的几何学方法来构造他的理论。欧几里得几何学是一个形式逻辑的公理系统，它从若干定义、公理出发，经过演绎推导和论证，确立一个个定理、公式，形成严密的系统。《实理公法全书》，以若干"实理"（相当于几何学中的公理）为根据，来推导或衡量人类社会中的种种"公法"。他说："实理明则公法定。间有不能定者，则以有益于人道者为逝，然二者均合众人之见定之。"这里突出的是"人道"，其内容为资产阶级的天赋人权与自由、平等、博爱。从每个人有形体、有灵魂故有知识这两条"实理"出发，可推论出"人有自主之权"的"公法""人类平等是几何公理"的结论。康有为把人视为具有天赋理性的主体，使天赋人权论取得人们所公认的普遍性形式，无疑是有反封建的进步意义。

"人有自主之权"，矛头指向的是"三纲五常"。对夫为妻纲这一条，康有为依照当时医药成就，说明一夫一妇白头到老，同一夫屡易数妇、一妇屡易数夫，没有什么分别。这否定了妇女不得再嫁的贞节观。传统封建思想以为，君为臣纲，君主其尊不可及，臣民均要俯伏在君权之下才能生存，如董仲舒所言的屈民而伸君是"道"之所在。对"君为臣纲"，康有为提出了非议，认为君主不是万众之上的至尊者，只是人际交往中的保卫者。他理想中的社会制度，是"立一议院以行政""权归于众"的代议制。"君民共主，威权有限""君主威权无限"，均是有背于几何公理的。

在讲到老师与弟子的关系时，康有为提出当"以平等之意"来对待。在朋友中又重申此见："天地生人、本来平等。"平等是人间交往关系的准则。不符合平等的言行，都与公理相悖，无益于人道。博爱在康有为心目中，是人际交往的另一准则。爱与恶作为人天生的本质，在人性中是并存的，但在实际应用中，只能持其一。依据"爱益人"与"恶损人"的判断，有益于人道只能是"兴爱去恶"。康有为断言，爱护周围的人才能克服封建主义所造成人与人的隔绝与冷漠。人应当生活在博爱的氛围里，博爱是人们追求幸福获得利益的前提。

在《实理公法全书》中，他擎起了资产阶级自由、平等、博爱的大旗，宣称自由、平等、博爱的权利，是天赋予人类社会的公法。任何使人不能有自主之权，社会制度与传统观念，都是不合几何公理，有违人道主义精神，都必须推倒。"实理"和"公法"是康有为衡量一切的是非标准，这同法国启蒙学者都强调的"理性的法庭"有惊人的相似之处。天赋人权论在康有为的《大同书》中有进一步的发展，然其权舆是在《实理公法全书》中。

第2章

改革意识付言行

在历史前进的道路上，新的力量往往不是以单一革命形式出现的。现在习用的革命包含了两层意思：一是指武装反抗，二是指改革。"革命"二字最早见于《周易》，那是朝代更迭之意。具有上述两义的革命，是1895年起孙中山自认"革命党"以后的岁月里，为人们所公认的。近代中国的各种思潮，以改革思潮最为流行。地主阶级改革派、洋务派和维新派，不同程度上提出了改革中国的要求，而以康有为为首的维新派领导的戊戌变法，以更为完备的形式达到了高潮。大河是由涓涓小流汇集而成的，百日维新前康有为反对妇女缠足、培养有革新意识的学生、著书立说构建理论体系等言行，奏出了神州大地改革思潮的序曲。

妇女解放奏先声

康有为发下誓言，要拯救两万万女子因缠足而带来的苦楚。他不给次女康同璧缠足，与区谔良等人创立了不缠足会。

这是近代中国第一个反对妇女缠足的民间组织，其意义在于破除女子对男性的人身依附，有着解放妇女的进步作用。

男尊女卑，是封建文化对男女人格所作的角色化固定。这种固定成为传统后，精神上的压抑必然导致肉体上的摧残。缠足起于何时历来有争议，按通行说法，起于五代南唐。到宋时尤盛，经明、清两代的承袭，一直延及近现代。1939年，梁漱溟考察抗日游击区，说山西内地妇女缠足，缠到几乎看不见足，只得以爬代步。缠足年龄通常为4岁到10岁间，缠足期痛苦自不必说，缠足后的不便更令人蹙眉伤心。三寸金莲，让人直立步行也不可能了，缠足浸透了多少女性的血泪。

缠足陋俗的盛行不衰，是与限制妇女参加社会活动的"男外女内"论相关的。这一主张见于《易传》，以为女性尽家内的职责，男性在外参与社会活动，为两性天经地义的本分。清代《女儿经》对女性不应抛头露面写得甚明："为甚事，缠了足，不因好看如弓曲，恐他轻走出房门，千缠万缠来拘足。"女性不应参与社会的经济、政治、文化等活动，要囿于狭小的闺阁之中。缠足为"男外女内"论的肉体保证，以物化的方式去强化女性对男性的依附。物化，是指有性灵的生命被视为非生命的存在，按照某种社会需要去任意改变。反对缠足，就是维护女性尊严的改革。1883年，康有为在南海县创立了不缠足会。参与其事的区谔良是同治进士，做过驻美、西班牙大臣陈兰彬的随员，接触过西方资本主义文明。他家的妇女也不缠足。二人商议后，创立不缠足会，规定入会的人均须切实保证，不替家中妇女缠足；已缠足而自愿放足的，全体会员都去庆贺，在会中予以表扬。创立后不久，便有许多人来参加。后因康有为外出，远离家乡，此会渐散。但其影响却迅速传播开来，是中国的不缠足运动的嚆矢。

康有为开创的不缠足运动，到戊戌变法前后成了维新运动的一个组成部分。1895年，康有为、康广仁去粤再度提倡不缠足运动，创立粤中不缠足会，由其女儿康同薇、康同璧带头不缠足，现身说法，畅谈天足的好处，使广东风俗发生很大的变化。1897年4月，康有为、梁启超、谭嗣同在上海以《时务报》馆名义，登报发起组织不缠足会并制定章程。规定入会女子不得缠足，入会男子不得要缠足之女，已缠足的在8岁以后须一律放足。之后，上海、北京、天津、湖南、潮州、福州等地，出现相同的组织。据不完全统计，属上海不缠足会系统的会员达三十余万，发展规模之大，反映了各阶层群众对禁缠足的支持。

有必要把康有为在戊戌变法期间所上的《请禁妇女缠足折》作一分析。在奏折中康有为把缠足这一恶俗，提高到有失中国尊严与维护民族危亡的高度来看待。康有为以为，当今是中西各国交往频繁的时代，缠足是有损于国家形象与民族自尊心的一种陋俗。这是一。从进化论角度看，弱肉强食是一个基本规律，种族与种族、国与国的关系也是如此。欧美人体魄健壮，同母亲的身体健康有关；中国人体质孱弱，与母亲缠足所造成的身体不良相关。必须根治缠足陋俗，才能使百姓与士兵有优良的身体素质，以同健壮伟岸的外国侵略者相抗衡。这是二。康有为力主放足，把妇女从形体禁锢和陋习束缚下解放出来，是改革社会风俗的创举。这是三。不缠足会的兴起是中西文化碰撞的产物。西方文化进入茫茫禹城，不仅冲击着中国的经济、政治与军事，而且使传统习俗受到严重的挑战。西方人把缠足、八股、鸦片一起称之为中国"三害"。康有为从自己家中做起，并推及社会、上书皇帝，为的是中华民族得到健康的发展。光绪皇帝采纳了康有为的主张，于1898年8月13日发出上谕，命令各省督抚劝诱与禁止妇女缠足。语气虽不激烈，但由皇帝下令废止这一陋俗是非同小可的。由于变法的失败，这一上谕未得普遍施行，而加入不缠足会的大多是乡绅，对劳动妇女来说，影响却未波及。就当时的情况看，康有为提倡的不缠足运动，是我国近代妇女解放运动的先声。

微言大义育英才

如果说，不缠足会是康有为改革活动的开始的话，那么，他的教育实践，是此一改革活动的深化。1891年到1897年，他讲学于广州长兴里（今广州市中山四路长兴里三号），自任总教授总监督，订立学规，著《长兴学记》。其间于1894年与1897年两次往桂林讲学，著《桂学答问》。作为维新变法理论依据的《新学伪经考》《孔子改制考》《春秋董氏学》等巨著，都是他在粤桂讲学期间写成的。

康有为认为教育是开发民智、培养人才、强盛国家的重要手段。中国之弱是弱在人才的缺乏，从根本上说是教育不良的结果。西方国家的富强不在于军事装备的先进，而在于穷究事物的规律与兴办教育，培养人才。对传统教育进行实质性的改革，成了康有为的一个重要的改革活动。对具有变法意识的人才的培养，是使维新运动得以蓬勃向前发展的重要一环。如他的学生卢湘父所说，当时能转移风气，以及百日维新得以开展，从人才上说，是基于万木草堂所培养的英才。

从19岁起，康有为四次参加科举考试，却次次落榜。不是他的学识不行，而是他对八股的厌恶，思路与朝廷所要求的格格不入。1888年6月，他赴京师应顺天乡试不第。这年他刚30岁，一介书生，连个举人资格都没有，却不顾可能惹来的横祸，毅然上书皇帝。布衣上书不达，被京师大多数人斥为书生狂言，是脑子出了毛病。为什么救亡图存之举，招来如许攻击呢？这令康有为冥思苦想了多时，他得出了一个结论，要办好天下之事，开辟中国的新世界，最迫切的是教育。决心自己办学，培养变法人才的想法并付诸行动，是由此肇始的。

1890年春，康有为举家迁往广州。3月，陈千秋听说康有为上书变法遭诽谤，便慕名登门求教。康有为对他讲了一些新见解，这位学海堂的高才生折服了，做了康有为的第一个受业弟子。尔后，梁启超屈举人身份之尊，拜倒在比他低一个等级的荫生脚下。梁启超是陈千秋在学海堂里的好友，听陈千秋介绍后去见康有为。梁启超记述初见面时的情况说，康有为对传统旧学尽情驳诘而摧陷廓清之。梁启超感到如冷水浇背，似当头一棒，且惊且喜、且疑且惧。遂执贽于康有为之门，学于万木草堂，助师编校《新学伪经考》。之后，徐勤等青年志士闻风投奔康有为，学生增到二十余人。1891年，康有为租赁长兴里邱氏书屋，正式开设学堂，名为长兴学舍。韩文举、曹泰、麦孟华等青年学子先后入学。

广雅书院、粤秀书院等是广州当时有名的书院，但教育内容以程朱理学、训诂考证、帖括辞章为主，是旧式书院制度的遗存。相比之下，长兴学舍是别开生面的，康有为已在教学中运用今文经学去议政。他写了一首《示诸子》的诗："圣统已为刘秀篡，政家并受李斯殃。大同隐道《礼经》在，未济占成《易》说亡。良史无如两司马，传经只有一公羊。群龙无首谁知吉，自在乾元大统长。"圣统是指儒家主张的，由尧、舜、禹、文、武、周公、孔、孟等圣人相传的道统。刘秀，汉代古文经学家刘歆的原名。康有为断言，刘歆所整理的古文经典，是刘歆伪造出来媚事王莽的，后来正统派经学家信以为真。康有为认为，李斯是为秦朝暴政服务的。法家本也不坏，却给李斯搞坏了。第三句是说，大同之道虽已隐微，但存在于《礼记·礼运》中。大同世界是古代儒家设计的理想社会。"未济"是《周易》的最后一卦，卦形是离上坎下，火在上，水在下，象征水与火的绝对矛盾。康有为的意思是说，未济这卦儿占成了，易学也就没有了。"两司马"指汉代司马迁与宋代司马光，所著《史记》与《资治通鉴》，为史家千古之绝唱。《春秋》相传有三家，即左丘明的《左传》、穀梁赤的《穀梁传》、公羊高的《公羊传》。到东汉古文经学兴起，今文学家中只留下了何休所注的《公羊传》，按康有为之意，"圣统"就在这里了。最后两句是槩括他理想中的大同世界。

诠释此诗，是要讲明康有为进行变法的理论依据，是在他的教学实践中形成的。这套新理论，是以今文经学公羊"三世"说为核心的。它似春雷，似急流，给长期受旧思想束缚的莘莘学子以新的启迪。康有为这套新理论，融进了西方的进化论，这吸引了许多学生。各省学子，千里负笈，闻风相从，前后达三百人。可谓广罗英才而育之。

全面发展德智体

培养德智体全面发展的人才，是康有为教育思想的宗旨，这是近代中国首次提出的关于学生全面发展的教育思想。他制定的《长兴学记》，以《论语》中的"志于道、据于德、依于仁、游于艺"为教育大纲。形式上看是有传统文化色彩的，而实质内容是同西方文化相吻合的。如梁启超所论："其教旨专在激励气节，发扬精神，广求智慧。中国数千年无学校，至长兴学舍，虽其组织之完备，万不逮泰西之一，而其精神，则未多让之。其见于形式者，至音乐至兵式体操诸科，亦皆属科举。""气节""精神"属德育；"智慧"系智育，这与康有为力主人禽之辨在于"智"的见解是一致的；"兵式体操"为体育，是旧式书院教育中所没有的。长兴学舍虽在组织上不及泰西学校，但精神上是一致的，即"未多让之"。在德智体三方面的侧重上，康有为是偏重于德性培养上的。一个革新者可以有跨越同时代人的一跃，但他不可能有超越时代条件许可的一跃。长兴学舍，有因袭旧式书院教育的内容，更具传播西方先进文化的新质。

在德育方面，康有为要求学生在学习之前，先立下刻苦攻读的志向，摒弃外界物质、名位的引诱。他指出，学者如牛毛，成者如麟角，其原委就在无法去掉高官厚禄的影响。只有对之视为毒蛇猛虎，方能在学业上取得卓越的成就。

有了志向后，还要有气节。气节，是历代中国知识分子不降志辱身的精神内驱力。东汉士人、东林党人，能在中国文化史上占有重要的一席，是他们置生死安危而不顾，欲改变宦官擅权的黑暗政治而抗争不屈、坚持气节。史称"天下模楷李元礼，不畏强御陈仲举""一堂师友，冷风热血，洗涤乾坤"，他们是耸立在神州大地上的人格丰碑。康有为要求学生同他一起，以东汉士人、东林党人为榜样，是针对晚清官场的黑暗与腐朽风气而发的。

一讲立志，二重气节，三讲慎独。这三者是有内在联系的。要"厉节"，就要在道德修养上具有高度的自觉性。他指出，慎独是做学问的关键。慎独是儒家用语，指在无人觉察的闲居独处时，也要谨慎地对待自己的行为，自觉遵循道德至善境界所提出来的要求。因为在无人知晓的隐蔽处最能看清一个人的品德。康有为要求学生先立下不受物质与名位引诱而学习的远大志向，坚持气节，然后再以慎独辅之。在德性培养上，这种系统的安排，足见康有为培育人才的拳拳之心。

由慎独之后，康有为又列出四个德目，即"主静出倪""养心不动""变化气质"与"检摄威仪"。"主静出倪"源出明初哲学家陈白沙的"静中养出端倪"，这是白沙之学的宗旨。"主静出倪"，是强调通过自我修养而达到超脱自然和社会的束缚，充分扩张自我意识，做到"天地我立、万物我化、宇宙在我"的境界。康有为在程朱与陆王中，是倾向于陆王心学的。陆王心学叫人从大处着手，要有傲视宇宙和社会与他人，发扬主体自我意识的一往无前的精神。康有为强调，这是从事变法的人才所必备的素质。有了这种素质，就可以做到"养心不动"，即置个人生死患难于度外，视他人毁誉如蚊子之嗡叫，有视危如安的浩然之气。"变化气质"，是指通过后天学习改变人的生理与心理素质，对此康有为并无多大发挥。"检摄威仪"，是要求学生注重仪表和举动，提倡容止可观，进退有度，言谈文雅，行为端重。内在的德性，要通过外在的行为举止体现出来。

在智育方面，主张对学生进行义理、经世考据、辞章以及"六艺"方面知识的传授。康有为的义理之学，相当于今天的哲学与自然科学。康有为确信，健全的教育是中西合璧的。他讲授的课程，有西方哲学、社会学、政治学说，同时讲授儒学、宋明理学、佛学以及先秦诸子学。经世之学，是研究中外历代得失的，包括政治、法律、地理、历史以及中外政治史。他令女儿康同薇，编制各国风俗制度考，以检验人类进化之道理。进化论是康有为的变法理论的主要依据，他力图通过史实、民俗、制度来论证并把进化论传授给学生。

值得注意的是"学与时异"这一观点。这是康有为进行教学内容改革并引进西学的理由。他认为，一代有一代之学，如汉人尚经学，隋唐崇词学，宋明讲义理。就"六艺"而言，传统的是礼、乐、书、数、射、御。但时代变化了，康有为就主张，古代射、御二者，于今无用，宜酌易之。代替射、御的是图与枪。图的入门途径是数学；枪，即练习枪法，是军事技术。这是以新易旧。至于数，则为旧瓶装新酒，古代用于测天与制器，近代则用代数、微积分。康有为认为，数学有广泛的用途，是各门自然科学的基础，像微积分这样的高等数学传进来，不能以夷夏之防去对待。任何外来文化，要在输入国中站住脚跟并产生影响是通过两种途径。一是对旧概念作新解释，增添新内容；二是以新易旧，以新范畴替代旧概念。从"学与时异"的视野出发，康有为在教育内容中大胆引进西学，两种办法兼而有之。于礼、乐、书，尚无什么新的突破。

在体育方面，康有为提出进行舞蹈、体操和军事体操的训练，开展游历活动，以增强学生的体质，迎接救国救民的伟大任务。

1897 年冬，康有为写诗勉励学生刻苦学习，济世救人。其中有"万木森森散万花""万木森森万玉鸣"之句。万木草堂，寓有培养众多人才的深意。康有为冀望他的教育成果犹如"万玉鸣"，在中国大地上散发出它的光和热。万木草堂培养出来的高才生，除前提到的陈千秋、梁启超外，尚有徐勤、曹泰、梁朝杰、韩文举、麦孟华、王觉任、林奎、陈和译等。这些学生或帮他编纂《新学伪经考》《孔子改制考》等书；或任《中外纪闻》《时务报》的主编与撰述；或协助康有为组织"公车上书"、强学会、保国会等事项。总之，都是变法维新的中坚力量。正是这个缘故，慈禧太后发动政变时，下令查封万木草堂。从这种仇视与害怕的心理中，更可知道"万木森森散万花"的真正价值了。

逆乎常纬之为学

作为近代中国杰出思想家的康有为，对传统、常规、习俗不断地提出挑战。《长兴学记》中一个重要见解就是要培养学生的叛逆精神："夫勉强为学，务在逆乎常纬。""常纬"是指流行的习俗视为常规，奉为圭臬者。"勉强为学"，就要发挥人的能动性来学习。康有为认为，真正意义上的学习就要不怕流俗，要敢于逆潮流而动。他写《新学伪经考》，说西汉经学本无"古文"，古文经是刘歆伪造的，后世奉为准绳不敢去碰它。这是惊人的理论。又写《孔子改制考》，说孔子作《春秋》，是改制之书。孔子搞托古改制，诸子百家也都是托古改制，很有反潮流精神的。

康有为觉得，要把"逆乎常纬"的精神传授给学生。康有为在《长兴学记》中，对"为学务逆乎常纬"的命题有一番论证。同是人类的一分子，为什么有常人与学者的差别呢？他以为，学者不同于常人，知识渊博，见解标新立异，是因为他们充分发挥了主观能动性,敢于同习俗唱对台戏。习俗有很大的势力,这是积千万人而形成的;不是一时的,而是积千万年形成的。积习深入人心要矫正而易之,不是叛逆精神发挥到极点是不可能的。叛逆精神愈充分,学问也就愈精深,其远于常人愈甚。愈是敢于反传统、逆积习,便愈会有广博的学问和创新的见解,便愈会有智慧,这就是"逆而强学者智"的道理。推而广之,人与人之间,学者与学者之间,相差甚远的道理也在于此。

康有为发愤第一次上万言书,极言时危,希望光绪皇帝及时变法,首倡"逆乎常纬"的精神。遭到朝野之士的大肆攻击,但康有为不加理会。之后又六次上书皇帝,这就是"逆乎常纬"的精神了。康有为的言行既由其信念所支配,常常不理会别人的感觉和社会的成规。1893年,他参加乡试,用孔子托古改制的道理,对官方法定的朱熹对儒家经典所作的注释不予理会;中了举人后,不奉考官为师,时论哗然,谤言四起。他深感要改变千年之风俗,是很艰难的。1898年春,康有为受到光绪帝召见后,刚毅建议他在总理衙门任职,他认为此职有辱于他,拒绝赴任。这都是对抗积习、流俗、成规的大胆之举。

誓将手植万树桂

百日维新之前,康有为于1894年和1897年,两度到桂林讲学。这是两次很有特色的讲学活动,推动了当时广西有识之士走上了爱国维新的道路。

康有为到桂林讲学,是事出有因的。一是为了政治上的避祸。1894年7月,给事中余晋珊在奏折中弹劾康有为惑世诬民，非圣无法，要求朝廷焚《新学伪经考》，禁止广东士人跟从康有为学习。此奏折十分尖刻，说康有为"自号长素，以为长于素王"。余晋珊抬出的是儒家的圣人崇拜。圣人之典范当数孔子，孔子未做过帝王，但他具有做帝王的才能和条件，后世称为素王。康有为自称"长素"，欲凌驾于孔子之上，岂不是非圣无法了吗？这一奏折使康有为的处境非常狼狈。梁启超为此事在京四处奔走，托人缓颊。如通过沈曾植向广东大吏求情，甚至通过张謇做翁同龢的疏通工作。京中要员的说情，使两广总督李瀚章颇有庇护之意。精通经学的准补电白知县李滋然在具体查办时，为《新学伪经考》中之新颖独特见解所折服，甘冒天下之大不韪，曲为辩护，以无可辩驳的事实，驳回了余晋珊的参劾。几个因素合在一起，才使这场喧闹一时的参案平息下来。但清廷仍令康有为将《新学伪经考》自行焚毁书版，而广州城里的卫道士们群起而攻之。远游桂林，实是为暂避政治之灾。

二是为开创新的教育基地。事也凑巧，桂林人龙泽厚此时由四川知县任上卸职回桂林，路过广州，钦慕康有为的学识，遂入万木草堂拜门受业，向康有为介绍桂林山水之优美，恳请老师到桂林一游，讲学授业，以推进广西的维新运动。康有为为龙泽厚之请所动，遂去桂林讲学。他作《示桂中学者》一诗，内中有"桂林片石一枝秀，领袖入桂诸才贤。誓将手植万树桂，巍巍玉立苍梧边"。"手植万树桂"，意同万木，兼有培育英才与广西人才众多双关义。

三是桂林山水吸引着康有为。桂林山水在广西东北部，景色秀丽。漓江由东北向西南，与西来的阳江汇合，流水清澈，像玉带般旋绕桂林城区。桂林至阳朔沿山一带，群山峭拔，绿水迂回，青山浮水，景色清幽。这对有旅游癖的康有为来说，是令他心驰神往的。自幼受其祖父影响的康有为，性嗜山水，好游成癖。故讲学之余常登山览胜，寄情山水，享受着大自然赐予的山情水趣。

1895年1月，康有为抵达阳朔、桂林。康有为住在叠彩山景风阁。叠彩山是桂林市内风景荟萃之地。到景风阁拜门受业的弟子，除发起筹备之龙泽厚、龙应中、况仕任外，尚有汪凤翔、王濬中等二十余人，都是广西名士。还有两个学生龙潜和龚寿昌，年仅14岁，均列门墙，参加听讲。这次讲学的时间是四十天。对这次讲学康有为是很怀念的，他的两部代表作《春秋董氏学》及《孔子改制考》，也初写于这次讲学中。

1895年2月25日，他自桂返粤，在广州继续从事教育。同年5月，康有为在京师发动公车上书受阻，强学会又遭封禁，被迫离京南返，回到万木草堂的讲台上。为了把两广的爱国志士连成一气，他于1897年2月11日，在门生曹泰、刘德宜陪同下，再次到达桂林，仍住景风阁，但却是今非昔比了。上次他仅是光绪癸巳（1893）科举人，这次则为乙未（1895）科进士，并签分工部虞衡司主事了。广西按察使蔡希邠对康有为极为推崇，地方士绅如周璜、唐景崧、岑春煊等都竞相和康氏往还。"公车上书"的头儿，颇有吸引一般士人的名人效应。不仅讲学局面迅速打开，而且来从学的又增加了陈太龙、汤铭三、林泽宗等人。马君武也常来听讲。康有为这次居桂达半年之久，组织了广西有史以来的第一个学会，开办了第一所学校，创办了第一份报纸，意义重大。

组织圣学会。圣学会以尊孔教、救中国为宗旨，提倡西学，开通风气，并抵制正在中国内地日益发展的基督教。康有为深为忧虑地指出，基督教遍满地球，近来又深入中土。梧州为通商之地，教士蝟集，皆因独尊耶稣的原因。现在国人不知尊孔子以广圣教，这是士大夫的过失。西方列强在近代，一直用传播基督教作为扩展它们在殖民地势力的重要手段。受过西方文化熏陶的康有为，欲以孔教抵御基督教，目的是"国借圣教，而势日以盛"。经过紧张的筹备，得按察使蔡希邠和地方士绅的赞助，于3月7日举行成立典礼。康有为宣布会章，其要务为五条：1. 庚子拜经；2. 广购书器；3. 刊布报纸；4. 设大义塾；5. 开三业学（农、工、商三业）。其中洋溢着向西方文化学习的强烈愿望。圣学会在西南边陲的广西出现，对增加人们的见闻，学习西方文化，开通风气，均有推进作用。梁启超甚至把它和强学会并列为新学的源泉之一，称"北有强学会于京师，南开圣学会于桂海"，有着风气大开的影响。

创办《广仁报》。在此之前，桂林没有一家报馆。《广仁报》由康有为的学生赵廷飏、曹砚、况仕任、龙应中等主编，于1897年4月中旬问世。初为两日刊，后改半月刊。内容分论说、时事新闻、地方要闻、中西译述、杂谈等。论文多以外患日迫，亟应以变法维新为主题。该报坚持出刊年余，对唤起广西人士发愤图强，有很大影响。

开设广仁学堂。聚徒讲业，讲中外之故，求救中国之法，是康有为培养维新人才的主要途径。此前广西没有新式学堂，只有旧式书院。广仁学堂的教育宗旨和方法一如万木草堂，打破了旧式教育在广西一统天下的格局。招生之日，报考者十分踊跃，录取的都是志趣不凡的青年之士。由曹砚主持教务，讲究经世致用，内容有经学、中西史地、宋元学术史等。

康有为在广西讲学期间，撰著了一本指导学生阅读中西书籍门径的著作，即《桂学答问》。全书约万言，分条叙述研读经、史、子、宋学、小学、职官、天文、地理、辞章、西书等的方法，并列举书目。第一，《桂学答问》推崇孔子托古改制的精神。托古改制，是假借古先圣贤的遗言为手段，以达到维新变法的目的，这是晚清颇为流行的一种表达政治观点的方式。《新学伪经考》全书贯穿的就是托古改制的精神。康有为希望学生明白天下的义理、制度皆出于孔子，而孔子的大道萃集于《春秋》。《春秋》有左传、公羊、穀梁三家，而《春秋》之微言大义多在《公羊》。第二，《桂学答问》强调学习的要求，在通古今中外之故。中华民族善于积累和保存自己的文化，这样古今之辨就具有重要意义了。在古今之辨上，中国人是重视"通变"的，如司马迁所言："究天人之际，通古今之变。"在历史上有过影响的思想家，都是善于贯通古今的。在近代也是有这一传统的，康有为就要求学生"通古今之故""达天人之舆"。近代又是西学东渐之时代，于是又有中西之争。为此，他特意介绍了有关西方资本主义的法律（主要是《万国公法》）、政俗（主要是《西国近事汇编》）、西学（主要是《西学大成》《化学养生论》《格致汇编》）、外交（主要是《夷艘寇海记》《中西纪事》《各国和约》）、世界地理（主要是《瀛寰志略》）、数学（主要是《几何原本》《微积分》《代微积拾级》）等方面的书籍，要求学生认真通读。康有为抓住一切机会向学生传授西学。1897年初夏的一个晚上，龙泽厚、龙应中等十数人向康有为求教。不一会儿，雷电交加、风雨骤至。康有为率学生登上望江亭，观赏雨景，并指示声浪、光浪、电浪之原理。指出这些自然现象，西人悉心研究，成为声学、光学、电学之原理并加以应用，这是西方各国日进于文明，我等亦须精心研究！这样的现场教学，显示了他的西学知识，是他的科学精神在教育上的体现。

根之茂者其实遂，膏之沃者其光晔。在"公车上书"中签名的仅存六百零三人中，广西举人有九十九名，占百分之十六，是参加上书人数中最多的一省。1898年4月，保国会成立于北京时，列名入会的一百八十五人中，广西人占了十名，其中龙应中、况仕任等都是康有为的门生。他的学生是维新思想的传播者，也是维新运动的实践者；他们不仅在故乡掀起了维新思潮，而且是京师维新运动的活跃分子。还有些激流勇进之士，在吸取维新思潮营养后又跟上时代步伐，跃入民主革命的行列。如何少川，广西桂林人，曾在广仁学堂读书。1905年东渡日本留学，终于加入同盟会。又如马君武，也是广西桂林人，因崇拜康氏的"大同之学"，改名为"马同"。1900年，马君武去新加坡，对康有为执弟子礼，后去广州求学，和革命派人士有所接触，继而又去东京留学，并问学于章太炎，奋然走上革命道路。

总之，广西在爱国、变革、进步的时代潮流中，走在全国维新运动的前列，是同康有为两次赴桂讲学的教育实践相关联的，对20世纪初广西先进分子走上革命的道路来说，也是一个不可忽视的阶梯与环节。

第 3 章

激荡神州维新潮

梁启超说："先生之哲学，进化派之哲学也。"康有为倡导变法维新的思想根据是进化论，特别是以公羊学"三世"说形式出现的历史进化论。这种进化学说，具有梁启超所说的"不中不西，即中即西"的特征。

进化论释经世志

百日维新前，康有为撰写了三部在近代中国具有里程碑意义的著作：《新学伪经考》《孔子改制考》和《春秋董氏学》。这三部著作犹如三把锋利无比的刀刃，刺向了处于风雨飘摇中的清廷。大为恼火的清廷采取下令毁版的文化专制主义手段，但结果适得其反，反而使康圣人的声名震动天下。

《新学伪经考》是在广州万木草堂讲学时写成的，1891 年刻版刊行。全书共十四篇，分类编次，每篇有按语说明"总义"及"分节"大义。其主旨是以今文经学为外壳的进化论，强烈抨击了封建的正统观念。

儒家之经学，是占据了几千年统治地位的学术思想。经学，是中国历代训解和阐发儒家经书之学。经书，主要是《诗》《书》《礼》《乐》《春秋》《易》，称为"六经"。历史上的"经今古文"问题源于西汉。秦始皇焚书后，典籍散佚，西汉初年儒家经典多据宿儒记忆口授，由学者、师徒、父子口头相传，到汉代写成定本，用当时流行文字著于竹帛而成，称为今文经。后在孔子故宅壁中和民间发现了《古文尚书》《周官》《周礼》《春秋左传》等一批经书，这些经书用秦以前的古文书写，称为古文经。两者不仅字体不同，而且字句、篇章、解释，以及对古代的制度、人物的评价也有出入。汉武帝时，今文经被确立于官学，古文经被排斥，两派经学家展开了激烈的斗争。

今文经学家以孔子删定六经，为托古改制的手段，立万世不易之法。今文经学开创者为西汉董仲舒，集大成者是东汉何休。汉武帝用公孙弘议，设五经博士，采纳董仲舒独尊儒术的主张，表彰今文经籍，今文经学大盛。西汉中叶以后，古文经学逐渐兴起。古文经学崇奉周公，视孔子为"述而不作、信而好古"的先师，以六经为孔子整理古代史料之书，偏重于名物训诂。其特色是考证。因其重经籍所记事实，提倡文字学和考古学，后世又称之为汉学。

今文经学因拘于师承家法，流于烦琐，故渐渐衰落下去。古文经发现后，最初在民间流传。后经刘歆努力，遂列于官学。刘歆字子骏，他撰成《七略》，对中国目录学的建立有较大贡献，是西汉时著名的目录学家兼经学家。汉哀帝时，他自称发现《周礼》《左传》《毛诗》《古文尚书》等古文经，认为今文经多有残脱、缺简，建议把古文经列于官学，但遭今文经学家的反对。西汉末年王莽执政，经刘歆争取，古文经也立博士官，刘歆任国师。东汉时，马融为古文经全部作了注释。后郑玄又网罗各家，融合今古文。郑学的兴起，使经学上今文、古文之争趋于平和。此后，一般研究儒家经籍的人均以古文经为依归。

康有为在《新学伪经考》中断定，古文经是刘歆助王莽篡汉而造，其学只是王莽的新朝一代之学，与孔子无涉，所以称为"新学"。康有为认为，"新学"出自刘歆伪造，非孔子真经，湮没了孔子的"微言大义"，应称为"伪经"。此后两千余年中，"咸奉伪经为圣法，诵经尊信，奉持施行，违者以非圣无法论"。这一大胆怀疑，把具有正统地位的儒家经典说成是假的。康有为断言，历来被奉为正统的经书多是伪经，不是孔子删定后的经书。这打破了汉学、宋学的权威地位，抄没了封建统治理论武器的家当，为扫除变法维新的绊脚石准备了条件。康有为宣称清廷尊信的儒家经籍，大部分不是孔子本经，而是刘歆的"伪经"；清廷服膺的汉学，也非孔子真传，而是刘歆的"新学"。康有为的大胆怀疑，把笃信旧法的顽固保守之见，冲荡得难以容存。这在沉闷的学术界与保守势力占上风的政界，激起了层层涟漪。于1891年刻版刊行的《新学伪经考》，因见解新颖、惊世骇俗，一问世就有四种翻刻和石印本子流传，风行了好几年。

这激起了顽固派的刻骨仇恨，攻击最强烈的是给事中余晋珊，上奏请焚毁《新学伪经考》。康有为本人躲过了这场可能发生的文字狱，但《新学伪经考》为晚清当局所忌，难逃三遭毁版的厄运，不过这并不能泯灭它的影响。梁启超把此书刊行及其引起的轰动，比作飓风，并无过誉之处。

戊戌变法前，在思想界与政界起了极大震荡的，是康有为继《新学伪经考》后的姊妹篇《孔子改制考》。前者的作用在破，后者的主旨在立；前者的学术气氛较浓郁，后者的政治色彩更强烈。《孔子改制考》成于1896年，1898年春在上海刊行。全书共二十一考，计三十四万字。这本书把《新学伪经考》中的见解作进一步发挥。康有为说，他最害怕的是刘歆之"伪经"盛行，把孔子从创制改法的"圣王"降为传学解惑的"先师"。使孔子"改制之义"湮灭，公羊"三世"说不明于天下。

"三世"说得从《春秋》说起。解释《春秋》的有"左氏""公羊""穀梁"三传。公羊之学，指历代今文经学家专治《春秋公羊学》的学问。东汉时，何休作《公羊解诂》，以"所传闻世"为"衰乱"，"所闻世"为"升平"，"所见之世"为"太平"。这样儒家经典中便有了"衰乱""升平""太平"三个名词。

康有为阐发的公羊"三世"说，是为他政治改革要求服务的。康有为政治上变法维新之主张，实本于此。康有为的公羊"三世"说要点如下：1. 人类社会是由低级向高级进化的，进化轨道是据乱世——升平世——太平世；2. 人类社会毫无例外地都要经过这三个阶段，但只能按顺序渐渐进化，而不能越级而进；3. 一世比一世文明，到了太平世，就是人类最为美满的大同世界。"三世"说的宗旨，是讲封建专制制度要变为资产阶级君主立宪制，再进到资产阶级民主制。

"三世说"的理论基础是进化史观。中国古代哲学也讲变易，如《易传》有"穷则变，变则通，通则久"的命题。龚自珍、魏源以此命题借题发挥，提出"更法""自改革""日变而不可复"等见解。但历史变易观只讲笼统的变化而无所确指，进化论则指明类的变化。各类天体、众多的生物物种、不同的社会形态等等，都属类的范畴。类各有其本质和独特的规律性，绝非一成不变。进化论强调的是，各类事物都是不断地由一类向另一类转化的，构成了由低级向高级发展的发展系列。康有为的进化史观，与传统的变易史观有着鲜明的反差。历史是沿着据乱世——升平世——太平世递嬗而进，这分别代表着三种社会政治形态，即封建专制制度——资本主义君主立宪制——资本主义民主制。如此鲜明的进化史观，是同《孔子改制考》中所说"荣古而虐今、贱近而贵远"的流俗，是处于对峙的状态中。为不与流俗发生冲突又达到宣传变法的目的，假借孔子的权威地位，说孔子是主张革新的，是深明社会进化的道理的，就为维新变法提供了权威性的保障。

"荣古虐今、贱近贵远"，是康有为对复古主义历史观的概括。复古历史观是顽固派反对变法维新的主要依据，认为黄金时代在古代，世愈古而治愈甚，今不如古，所以主张复古。"祖宗遗训，岂容轻改"（荣禄语），"祖宗成法，变更则正士寒心"（徐桐语），这些"遗训""成法"是借孔子之口说出来的，以阻挠不利于封建专制主义的变革。康有为塑造的孔子是托古改制的维新者，是讲民主的进化论者，这样今不如古，三代不如五帝的复古历史观便站不住脚了。《孔子改制考》中洋溢着惊世骇俗之见，引起了顽固派的全力反扑。湖南人苏舆在《翼教丛编》中的序言说，甲午战争以后，社会上"邪说横溢，人心浮动"，始于康有为，弟子启超张其师说。他们倡平等，是堕纲常；申民权，是无君上；以孔子纪年，是叫人不知有清朝。仇恨与恐惧之情，跃然纸上。梁启超把《孔子改制考》喻为晚清学术界的"火山大喷火""大地震"，毫无夸张之言，是符合实际的。

康有为的《春秋董氏学》是一部可与《新学伪经考》《孔子改制考》相媲美的著作。全书共八卷，把董仲舒《春秋繁露》原有篇章打乱，重新安排，加按语表达己见。康有为认为，董仲舒由《公羊》而通《春秋》，因《春秋》而通六经，窥见了孔子学说的根本。董仲舒（前197~前144），是西汉哲学家。他的独尊儒术之议为汉武帝所接受，开此后两千年封建社会以儒学为独尊的先声。他专治《春秋公羊传》，系统发挥《春秋》中的微言大义。按照董仲舒的说法，《春秋》记鲁国十二世二百四十年历史，分为"所见世""所闻世""所传闻世"三个阶段，这三个阶段分别为孔子"所见""所闻""所传闻"的缘故。东汉何休之《公羊解诂》的"三世"说，实承董仲舒之余绪。康有为花很多时间对《春秋繁露》中内容按专题重新编次，是为了阐明以进化论为核心的公羊"三世"说。

该书最彰显的特征是把《礼运》中的"大同""小康"思想，同公羊"三世"说糅合起来，也是康氏著作中把大同学说同公羊理论相结合的第一部。大同之世，是康有为的理想社会所在，他的《大同书》对此有众多的设想，将在后面详细论述。

"三世"说在《春秋董氏学》中，又有另一种表达形式，即"文教未明"的据乱世，进到"渐有文教"的升平世，再到"文教全备"的太平世。"文教"相当于今天所说的文明。文明是人类开化状态和社会进步的标志。康有为是用进化史观来解释社会历史发展的，这种发展是渐进的。要求变革现状的呼声喊叫了几十年，从早期改良派的王韬、薛福成、郑观应，一直到康有为、梁启超、严复、谭嗣同。国内各阶层力量的对比与以往蓄积起来的能量，使得依靠光绪帝的权势，进行自上而下的温和的变革有了实现的可能。掌握权力的顽固派们，还是在1898年与1900年两次下达了把《春秋董氏学》一书毁版的命令。

全面改铸孔圣人

康有为这三部著作有一个共同特征，那就是托古改制。他这样做是有意识的。梁启超指出，康有为有个观点，即想挽救中国，必定因中国人的历史习惯而利导之。想统一人们的行动，得择举一个国人共同爱戴而心悦诚服者。抬出孔子就是最好的良策。这个历史习惯不是别的，是圣人崇拜的传统文化心态。

20世纪初，陈独秀在一篇文章中，引了著名学者章士钊的话："中国人之思想，动欲为圣贤，为王者，为天吏，作君、作师，不肯自降其身，仅求为社会之一分子，尽我一分子之义。"中国人"动欲为圣贤"的文化心态，是从春秋战国时期就开始的，是与对圣贤人格崇拜的向往相关的。从先秦的儒、道、墨、法等到各家，均有关于圣人崇拜的学说。秦始皇在其巡行各地的刻石中，有"大圣作始，建定法度""追首高明，秦圣临国，始定刑石，显陈旧章"等语。"大圣""秦圣"就是秦始皇。尽管这位"千古一帝"被后人称为暴君，但把圣人与君王挂钩成为固定化的格局，在秦始皇时已经定型。后世称皇帝为圣主、圣上，皇帝的命令为圣旨等，在秦始皇时成为定制。

秦汉以后，先秦诸子对圣人崇拜的文化心态，在诸多因素的综合影响与作用下，加上帝王及社会各阶级的强化，已衍化为对孔子及其弟子的崇拜了。自秦汉到清代，帝王、民间儒生、知识阶层都加入了尊孔的行列之中，使孔子处于至高无上的地位。帝王尊孔是为了维护封建统治的长治久安。从汉平帝元始元年（公元元年），追谥孔子为褒成宣尼公，是孔子第一次受封。到元代封孔子为大成至圣文宣王，孔子成为师表万世的至圣先师。在康有为的时代里，圣贤崇拜仍扎根于中华民族的心灵深处。

康有为的托古改制，可从两方面来理解：

第一，康有为进一步提高了孔子的权威地位，证实孔子是托古改制的圣王。他指出，以往古文经学把孔子说成"述而不作"的传统形象要打破，要恢复孔子"改制立法之教主圣王"的地位。如果承认孔子为改制立法之圣王，就必须打破另一种传统的形象，即把孔子归属于"师统"范畴，仅为博学高行之人。康有为从典籍中论证，孔子在被刘歆篡乱圣统前，是隶属于"君统"范畴的，是一位"素王"。康有为自称，一介布衣去说改制，事情太大而且骇人。如果托之于先王，既不惊人，自己也好避祸。康有为明言，自己所称先王皆为孔子，不是传统说的三代先王。康有为对孔圣人是作了易容术的，但他人是可以透过眼神来窥清易容者的原貌。三本书均被奉旨毁版，就是明证。

第二，康有为以进化论与民主思想来改铸孔子，并以此来同顽固派作斗争。康有为强调，孔子的志愿是要引向人类走到大同之世，但孔子生当据乱世，只能先求实现小康的升平世，再渐入大同世。把孔子从信而好古的形象，改塑为向往未来的进化论者，是为了证实他的维新变法主张。这不仅符合国人所憧憬的古圣先贤的嘉言懿行，又为传播进化论提供了庇护所。他说："'六经'之中尧、舜、文王，皆孔子民主君主之所寄托。"以为尧、舜、文王，都是孔子改制时所寄托的古圣先贤；六经中描绘的尧、舜、文王的盛德大业，都是孔子对民主制度的理想所在。孔子是主张民主的，是君主立宪的拥护者。《尚书》是春秋以前历代史官所收藏的政府重要文件的选编，其中《尧典》篇反映的是我国原始社会末期的情况。康有为认为，"《尧典》特发民主义"，其中有"辟四门以开议院"的主张，是"孔子之微言"。康有为把资产阶级的民权、议院、选举、民主、平等等一系列主张，都附会到孔子身上，声称是孔子所创。于是孔圣人就成为资产阶级民主派的化身。康有为倾注心血重塑圣人，给之套上近代化的光环，是为了向西方学习，倡言变革。

19世纪末期，康有为借助于国人"动欲为圣贤"的文化心态，强化了孔圣人的权威地位，用西方文化中的进化论、民主思想来全面改塑孔圣人的形象。康有为说孔子托古改制，实际上是讲自己的托古改制，改铸孔圣人的真实意图就在于改革现实的社会。

治安一策知难上

"治安一策知难上，只是江湖心未灰。"是康有为第一次上书后所作的诗句。贾谊向汉文帝上治安三策，未被采用，显然康有为有自况贾谊之意。"身在江湖之上，心居乎魏阙之下"，出于《庄子·让王》中，用此典故是说自己身份仅是诸生，但却充满着忧患意识。

康有为的《上清帝第一书》在 1888 年 11 月 16 日撰写完毕。初递与祭酒盛昱，由盛转交给户部尚书翁同龢。因用语过分尖刻率直，翁不敢上，之后盛昱又持折见都御史祁世长，祁经过权衡利弊后，最终采取了不为代递的立场。

是年，康有为年甫 30，是向皇帝上疏资格都不具备的寒儒。他忘其僭越，敢于不避斧钺之诛的风险去上疏，原因三个。一是列强环伺，蚕食中国的危急局面。二是清廷中枢政权的腐败。三是他的忧患意识。前两方面目今论著皆有所述，唯忧患意识未及细述。《上清帝第一书》，字里行间充满着忧患意识，"臣所为忧愤迫切，瞻望宫阙而惓惓痛哭"，"窃维国事蹙迫，在危急存亡之间，未有若今日之可忧也"。在同样的历史情景下，为什么不是别人而是康有为"伏阙忧危七上书"呢？这得虑及他异乎常人的忧患意识。"忧患百经未闻道""山河尺寸堪伤痛"，忧患意识强烈地渗透在他的同一时期诗作中。

忧患意识是儒家文化的基本精神之一。忧患与生俱来，只要人有生老病死、欲望、需要、发展等问题，忧患便不能避免。忧患心理为人类的普遍现象，但忧患意识却非人人能有。一般人忧患身体健康不佳，财富不多，地位不高，声名不显，生命不永等，但只仅是忧患心理，而不是忧患意识。只有超越自我的层面，进到忧国、忧民、忧世的深度，才可谈得上忧患意识。"君子谋道不谋食""君子忧道不忧贫"之语，表明在孔子心目中，个人的患难、贫困、屈辱均不值得忧虑。孔子的"道"是指周礼与周公之治，但他的忧患意识，超过了个人的范围，提升到了国家、社会的层面。忧患意识用的是感伤的字眼，但本质是积极的，是人经历了困难的处境，觉察到现在的灾难或者未来的祸害即将降临时，在思想上有所提高的警惕心以及行为上所激起的责任感。儒家于国家的衰败、社会的危机、黎民的苦楚，常耿耿于怀，常挂心头而思以救济之。"先天下之忧而忧，后天下之乐而乐"，范仲淹的这句名言，表达了中华民族的强烈忧患意识。

于儒家经典烂熟于心的康有为，蒿目时艰，忧患意识油然而生。他目睹黄河泛滥，豫、鲁等地黎民深受水灾；江淮又久旱不雨，禾苗枯焦；广东大水，京师大风，地震山倾，都是前所未有的奇灾异变。列强还在磨刀霍霍，合而谋我中华。外夷交迫，琉球灭，安南失，缅甸亡，羽翼尽翦，将及腹心。英国对川、滇、藏有吞并之心，俄国筑铁路于东北直逼盛京，法国则准备南取滇、粤而扩张势力。不仅老牌资本主义国家加紧侵略，而且后起的德、奥、意、日、葡诸国，也在想方设法瓜分中国，这使他日夜忧惧。焦灼的心情、忧患的意识，使他不顾一切地指责起慈禧皇太后和光绪皇帝来，"天下将以为皇太后、皇上拂天变而不畏，蓄大乱而不知，忘祖宗艰大之托，国家神器之重矣"。如此激烈的言辞，大约是翁同龢、祁世长不敢代递的真正原因吧！

康有为希望清廷改弦更张，针对当时的弊病，提出了"变成法，通下情，慎左右"的三项具体主张。

变成法，就是抛弃祖宗之法不可更改的观念。这一观念来自儒家的祖先崇拜，是阻挠变革的顽固派的重要理由。康有为认为，治理国家像治病一样，医生治病是依据病人症状而随时变更，治国之法也是如此。时局变化了而仍用旧法的，不是通古今之治法，势必危及国家的安全和强盛。必须根据形势变化，革除弊政，参酌古今中外的情况，推行新法以治理国家。

通下情，是祈求清朝统治者放下架子，使臣民都有说话议政的机会。下情不达，康有为视之为晚清社会的一个致命弊端。解救的办法是宜通下情，使人人得尽其言于上，天下人人得献其才于上。以晚清来说，封建等级制度还是处于核心地位的。等级制度的核心是特权。同样一句话，皇帝说出来就是"金口玉言"，没有社会地位的人则是"人微言轻"。人们言论与观点的表述，因卑贱、尊贵之别而显出不同的价值取向。对至尊的皇上来说，只有少数官僚才有向皇上行建议的特权，布衣上书皇帝被视为僭越行为，破坏了等级制度，是要问罪的。康有为提出去除等级森严造成的臣民与皇上之间的隔膜，让"人人得尽其言于上"，无疑是要求破除等级制度，开放言路的一种民主思想。

慎左右，就是要清朝统治者辨明忠佞。他指出，出现纪纲败坏的局面，是没有辨别忠臣与佞臣。慎，就是要皇上学会区别忠佞的本领。以营造宫室园林为能，以满足声色之娱逢上，用承平无事来欺瞒君主者，均是佞者；敢于告上以灾危可忧、忠言以格君者，都是忠臣。君主要选用贯通古今、骨鲠敢谏之士参与政权，他们的言行会影响君主。康有为希望出现这样的局面："皇上正一身以正百官，正百官以正万民，士节自奋，风俗自美，余事何足为矣！"

这些建议是切中时弊的。《上清帝第一书》虽未上达光绪，却在当时产生了不小的影响。上书虽横遭阻隔，却为关心国家和民族的有识之士所关心。广为传抄的上皇帝书，使康有为一时名噪京师。积极支持上书的，是翰林院编修黄绍箕、刑部主事沈曾植、待御屠仁守、国子监祭酒盛昱；设法阻挠上书的，是礼部侍郎许应骙、李文田。光绪帝的师傅翁同龢也想借此削弱后党的力量，加强帝党的势力。对康有为上书的三种不同态势，是当时中国政坛的晴雨表。

公车上书天下惊

如果说1888年康有为第一次向皇帝上书要求变法，还局限于个人的政治活动范围的话，那么，1895年的"公车上书"，表明康有为要求变法维新的行动已蔚为一场社会政治运动了。

在京师居留了十五个月之后，康有为决意于1889年9月回故乡去教书育人。临行之前，他向好友沈曾植写了封长信，叙述了自己无权无势、不得圣主、甚少同志、去向未定的心态。想习天文、地舆，但乏资金与器械，又无志同道合者相与；为文辞考据，则觉琐碎夺志。这勾勒出一个忧国忧民的先行者，孤独无靠，又希冀光明的彷徨心理。严酷的现实使他认识到，在时机未成熟之前，唯一正确的途径是完善自己的变法理论，造就一代为改革献身的栋梁之材。他回广州后，创万木草堂，培育英才，是从以往挫折中总结出来的经验教训。

光绪十九年（1893）乡试中举的康有为，两年后与梁启超一起赴京会试。举人们翘首以待发榜之日的来临，等来的却是丧权辱国的《马关条约》。辽东半岛、台湾割让给日本，赔款二亿两银子。对中华民族来说，既是一场深重的灾难，又是精神上的强击。它以失落、痛苦揭破了因循守旧的厚膜，使人们追究造成这种困境的清廷。消息传到举人云集的金顶庙。他们群情愤慨，奔走呼号，涕泣请命。康有为联络在京会试的举子，奋起抗争。两夜一天，康有为奋笔疾书，草拟了一份一万八千余言的条陈，即《上清帝第二书》。上书的签名者，均是被朝廷用公家车马接受入京应试的举人，因而被人们称为"公车上书"。

历史敲响了时代的警钟，历史选择了走在时代前列的康有为。"公车上书"开创了一个以知识分子群体的力量，以向清廷请愿的形式，对现实政治进行干预的新格局。它越出了康、雍、乾以来历禁知识分子干预时事的成规，创清王朝二百余年未有之大举。这一格局的出现，是与帝党官僚的支持分不开的。帝党在甲午战争开始时极力主战，失败后则反对割地求和。据文廷式《闻尘偶记》记载，他将大多数人未见的条约内容，抄录下来遍示同人，并四处奔走，联络他人。在义廷式、翁同龢等人串通之下，都察院开始把各省举人及京官条陈陆续进呈。至于"公车上书"未能向都察院呈递之原因，是由于主和者从中作梗。

清廷中，帝党与后党的斗争由来已久，与变法维新关系甚大。它的形成，可追溯到1861年。那年咸丰帝病死。儿子载淳当上皇帝，是为同治。载淳是不懂事的孩子，咸丰帝的宠妃慈禧成了幕后操纵者。1875年，19岁的载淳未及生儿育女即撒手人寰。慈禧太后决定由咸丰一个兄弟的儿子载湉来继承皇位。他就是光绪皇帝，即位时仅4岁。垂帘听政的慈禧继续把握清廷之实权。到1889年，光绪已18岁。出于无奈，慈禧太后只得宣布由皇帝亲政。她向光绪定出规矩，朝廷上一切大事要事先请示，经她同意后才得宣布。多年的执政，在慈禧周围有一群的文武大臣。他们的思想保守乃至顽固不化。对外奴颜媚骨，对内实行残酷的统治，人们称为"后党"。在光绪帝周围，形成一批思想开明、倾向于改革的官员，不满慈禧太后之专横独断。这些紧跟光绪的官员，被称之为"帝党"。

洋溢着爱国激情的《上清帝第二书》，以筹战守、图自强为书中的两个主题。战守为当务之急。康有为反对割地弃民，认为弃台湾民众事小，而离散天下民心事大。如何筹备战守呢？康有为提出三项建议，一是下诏鼓天下之气，二是迁都定天下之本，三是练兵强天下之势。

他建议皇帝颁布三道诏书。首先是罪己之诏。历史上封建王朝遇危难之时，往往会以皇帝名义，下诏自责，称罪己诏。这是封建王朝收拾残局、笼络民心的一种做法。康有为提出，罪己诏要深痛切至，达到激励天下，同雪国耻的效果。其次是颁明罪之诏，严惩主和辱国的大臣，丧师失地的将领，以及擅许割地的使臣等。重则明正刑典，轻则去除官职。再次，颁求才之诏。他恳求光绪帝悬赏功之格，为不次之擢，必须破格提拔有作为的将帅和疆吏。

他奉劝清统治者不要留恋京师。因为北京险要既失，无可扼守，为国家大计起，必得迁都。如把京师尽快迁入内地西安，深藏于中华腹地，可远防诸国之联手，近拒日本之挟制。迁都西安不仅可以利战，且不受列强威胁。

中国屡战屡败，将衰、兵弱、器劣是重要原因。针对这种情况，康有为认为，选将的原则，是贵新不贵陈，用贱不用贵。他主张重新精选将才十人，各练十营，励以忠义，激以国耻，然后再购买西方先进武器，做到器械精利。选将、精兵、购械三法并下，就可以强天下。

战守方略并非立国自强之本，只是应敌权宜之计，康有为此书的重点是变法自强。他建议光绪帝，"当以开创之势治天下，不当以守成之势治天下；当以列国并立之势治天下，不当以一统垂裳之势治天下"。对"开创"与"守成"，应取不同的策略。"垂裳"，是指穿着长大的衣服，无所事事的样子，后成为称颂帝王无为而治的套语。怀着忧患意识的康有为，希望一改陈旧观念，要求光绪树立起世界意识来。他指明，现在是"列国并立之势"。中国已无天朝上国威严可言。列国并立，必定是争雄角智，哪一个国家在力量上与文化上有优势，哪一国就兴盛。显然，这是一种置中国同世界各国于平等地位的放眼世界的新意识。

变法的道理，康有为提出了"用新弃陈"的主张。近代中国是一个新陈代谢迅速的社会。和西方从中世纪到近代，通过自我更新机制来实现社会变革不一样，中国在很大程度上是出于外力的冲击，通过独特的社会机制由外来变为内在，推动了一个又一个变革的浪头，迂回曲折地推陈出新。"用新"的具体构想，为富国、养民、教民、革新庶政这四方面的内容。

富国之法，是指国家发行钞票，民间筹款，修筑铁路，开办机器厂，设立轮船公司，大力开发矿山，各省设立局厂，自造银圆，官办邮政等。这些措施的实行，可以增加国家的财政收入。

养民之法，是指中国的农业要走向近代化，推广西方的新技术；还应当鼓励发展工商业，宜令各州县设立考工院，翻译西方关于制造工艺的书籍。值得注意的是"以商立国"的口号，这是对传统重本抑末的价值观的挑战，体现了他要求改变封建经济变为资本主义经济的愿望。历代王朝均视商为末业，对商人与商业采取轻贱的方针。于是贱商之风千古长存。传统的四民观是士农工商，商居末位；民间又有"无商不奸"的俗谚，广为流行。这一切均是农业文明社会的必然现象。康有为冀望中国从中世纪走向近代，强调"以商立国"，是时代的新气息。以商立国，还得有具体措施，为此他提出惠商的主张，使商人在国内免除厘金之害，减少出口征收的重税。这样才能使货畅其流，并能与外商竞争。

教民之法，重点是要普及教育，提高全民族的文化教养。康有为以为，泰西之富强，不在于军事装备的先进，而在于穷究自然界的道理与发展教育事业。他建议乡村一律设立学塾，儿童皆得入学。改革科举，把专考弓刀步石的武科改为艺科，令各州县遍开艺术书院，凡天文、地矿、医律、光重、化电、机器、武备驾驶，分立学堂，选15岁以上学童入学，然后改变考试方法。还建议开设报馆，介绍西学，移风易俗。

革新庶政方面，除了裁汰冗员、澄清吏治、改革官制外，康有为还提出设立使才馆以培养外交人才，派遣官吏出洋学习或游历以广见闻。他特别请求光绪帝仿汉制，设立"议郎"。"议郎"没有已仕未仕的限制，皆可入选；"议郎"有权上驳诏书，下达民词，已不是单纯起顾问作用。凡内外兴革大政，筹饷事宜，皆令会议于太和门，以少数服从多数为原则。这与《上清帝第一书》中请设"训议"官的主张相比较，已具有资产阶级议院制的色彩，这是康有为政治改革思想中较突出的一个进步。

图自强，是《上清帝第二书》的另一主题。《易·乾象》称："天行健，君子以自强不息。""健"是刚健有为，"自强不息"即主动地努力向上，决不懈怠。要求"君子"具有不懈地从事某一事业的精神。康有为希望光绪具备这种德性，成为有为之君。"公车上书"中充满着御侮图强的意识，是民族危机刺激下的知识分子群体的自觉行动，并且把抵御外侮和改革内政合为一体。康有为申言"立国自强"的道理，是要变革中国原先的经济、政治、教育、文化等方面的秩序，达到"弃旧用新"。

以康有为为首的举人的登场，宣告了御侮图强的潮流，已急速地涨涌于民族觉醒的曙光之中，成了那个时代的主流。后来成为小说名家的包天笑，在晚年回忆他还是 19 岁的秀才时的想法，真实地道出了在忧患情绪刺激下是如何激发起自强民族意识的："割去了台湾之后，还要求各口通商，苏州也开了日本租界。这时候，潜藏在中国人心底里的民族思想，便发动起来。一班读书人，向来是莫谈国事的，也要与闻时事，为什么人家比我们强，而我们比人弱，为什么被挫于一个小小的日本国呢？"

康有为起草的"公车上书"脱稿后，于 5 月 1 日到 3 日连续三天在北京宣武城松筠庵的谏草堂，集十八省举人一千三百人，传观讨论，并预定于 5 月 4 日去都察院投递。清廷内力主和局、主张签约的军机大臣、兵部尚书孙毓汶，恐人心汹汹，暗中派出亲信翰林院编修黄曾源，连夜到各会馆，谣言恐吓，并在街上遍贴匿名帖子。清廷害怕"公车上书"引起众怒，把定于 5 月 8 日在烟台换约，提前于 5 月 2 日在《马关条约》文本上盖了御玺。在这样造谣惑众与既成事实的情况下，各省举人退缩而要求除名者有几百人。这是附录的题名录里，仅存六百零三人的缘故。

没有上达天听的"公车上书"，在京师受到冷遇，但却广为流传。一个多月后，上海石印书局出版的《公车上书记》，就把上书的经过与文本传播开来了。美国公使田贝向康有为讨取抄本。英国传教士李提摩太研究了"公车上书"后，认为他以前想提出的各种建议，全被康有为概括了。

公车上书后第二天，即 1895 年 5 月 3 日，会试发榜。康有为中进士第五名，旋被授工部虞衡司主事，但他并没有到工部就职，而是继续多方设法推进他的维新事业。

齐头并进促维新

在不停地向光绪上书的同时，康有为又面向社会，联络公卿与广大知识分子，从中寻找变法维新的社会力量。康有为在考中进士后的当月，又写了一封一万多字的上皇帝书。《上清帝第三书》，是光绪亲自见到的条陈。为迂腐氛围所熏陶的光绪，被洋溢于奏折之中清新之风吸引住了。内中的革新之论，鞭辟入里。康有为这一陌生的名字闯入光绪的脑海之中，随即命人抄录三份副本。一份急送慈禧，一份下军机处留存，一份放在勤政殿以备随时翻阅用。据康有为自述，他的《上清帝第三书》，光绪览而喜之。

《上清帝第三书》由两大部分组成：一是自强雪耻之策，以富国、养民、教士、练兵为中心内容；二是为实现上述目标而希望光绪慎左右与不拘资历、等级提拔人才与通下情等具体策略。第一部分与"公车上书"所陈，大体雷同，有变化的为治兵这一项。这方面的建议是要求清廷实行军事改革。其一，对现有六十营绿营兵进行整顿，汰老弱选精锐；其二，寓兵于农，实行民兵制，使兵源有保证；其三，振兴满蒙旗兵；其四，淘汰过时器械，改善军事装备；其五，各州县设立武备学堂，选士学习，储备将才；其六，在近代科技的基础上重建海军。六个具体措施以前三个为关键。康有为有帝王心术决定论的想法，"凡上所陈，其行之者，仍在皇上自强之一心，畏敬之一念而已"。把军事体制的变革，寄托在没有实权的皇帝身上。这与他变法维新的主导思想，不是自下而上靠民众来实现，而是自上而下恃君权推行新政是相通的。后一部分内容，基本上与"公车上书"相同。

过了一个月，即1895年6月30日，《上清帝第四书》写成并呈递都察院，因李文田的阻梗而未递上。此书侧重点在政治制度的变更上，即"设议院以通下情"。由设"议郎"到设议院，是康有为政治思想的一个飞跃。在康有为之前，没有人敢于把开设议院的建议直接向皇帝提出。资产阶级的民主是通过议会体现出来的，它是作为封建君权的对立物出现于历史舞台的。议员是通过选举产生的，这取消了一切靠等级差别而得到的特权。由于各国实际情况的不同，议院制的存在，不一定要去除君主。为解除议会之设立所造成的有损君主权力的顾虑，康有为特地申明，议员不是选举产生的，是由皇上遴选来决定的。这样，议院不再是一个权力机构，而是供决策者起参考作用的咨询机构。这与西方近代民主意义上的议院不同，而是封建君权的附属物。

与他"通下情"的要求相一致，康有为重视报刊的社会功能，认为报刊是天下万民的喉舌。1895年8月17日，康有为在北京宣武门外后孙公园创办《万国公报》。因和上海广学会编辑的《万国公报》名称雷同，四个月后更名为《中外纪闻》。这份报纸是双日刊，每期十页，木版活字印刷，四千五百字左右。由梁启超和麦孟华担任编辑，内容分"上谕""外电""译报""各报选录"和"评论"等栏，除转载中外各报有关"新政"外，还常刊载五百字上下的时评。意在介绍西方的政治、经济情况，兼及自然科学知识，用心探讨各国强弱之原因。

当时的北京，除了用简陋方式印刷的京报外，还没有别的报纸。《中外纪闻》印成后请出售京报的报贩免费分送给北京的官绅。每期印发数在三千份左右。康有为办报，是希望人们通晓外国的政事风俗。此报效益显彰，使许多官绅识见为之一变。这是一份容量不大，发行数也不多的小报，但在19世纪末的北京，是针对官吏、士大夫阶层所作的宣传性的活动，使他们对世界事务与中国问题有新的了解，拓宽了官绅们的视野与见识。

在《中外纪闻》鼓吹维新与康、梁等人奔走游说下，1895年9月，筹设强学会于北京宣武门外后孙公园。这是近代中国的第一个政治团体，列名会籍的有康有为、梁启超、麦孟华、陈炽、文廷式、丁立钧、张孝谦、杨锐、沈曾植、王鹏运、袁世凯、徐世昌等二十六人。支持强学会或与之相关者，有位居枢要的中央官僚，如翁同龢、孙家鼐、李鸿藻、张荫垣等人；有各地的封疆大吏，如两江总督刘坤一、两广总督张之洞、直隶总督王文韶等人，各捐五千两；军人中有宋庆、聂士成两位提督，捐数千两以支持；李佳白、李提摩太这两位深深卷入近代中国历史纠葛之中的传教士，也常常与强学会会员有来往，讨论有关中国改革的事情。美国驻华使节邓比、英国驻华使节奥康诺协助提供西书以及科技设备。大家公举户部郎中军机处章京陈炽为会长，梁启超为书记员。

作为中国资产阶级最早的政治团体的强学会，是维新派与帝党相结合之枢纽，而援以为重的却是洋务派官僚、外国传教士与军人。表明以康有为为首的维新派，既与封建官僚有矛盾，但又不得不与之相接以为自固；既思自强以挽时局，又与洋人频为往来以求支援；此一矛盾心态是与维新派找不到强大的社会后盾相关的，因为民族资产阶级虽在崛起但没有成为社会的中坚力量。

1896年1月12日，上海强学会主办的报纸《强学报》创刊。这是一份铅印报纸，由康有为指定他的两个弟子徐勤和何树龄主编。这份报纸大胆使用孔子纪年而不用皇帝纪年，以保疆土、助变法、增学问、广人才为宗旨。

顽固派的势力在当时是非常强大的。掌广西道监察御史杨崇伊，为荣禄所倚重，又是李鸿章的亲家。他上书弹劾强学会植党营私、专门贩卖西学书籍；攻击《中外纪闻》，按户销售、以毁誉为要挟，请饬查禁。慈禧太后据奏强迫光绪帝下令封禁强学会，改立官书局，禁止《中外纪闻》发行。有强学会副董之名的文廷式被革职回籍，永不叙用。顽固派这些阻挠行动，波及上海。张之洞致电康有为，指责他有些事情不事先商量，遽先刊布，并强令《强学报》立即停办。

京沪两地的强学会及其机关报虽被查禁，但强学会及其组织形式，已具备政党的雏形。清廷禁止了强学会，但以追求共同目标、集聚志同道合的人们组织团体的想法很快散播到全国，地方上一些颇具实力的学会陆续出现，较著名的有湖南湘学会与南学会、湖北的质学会、广西的圣学会，以及江苏的苏学会。有些学会持续时间不太长，但对开通一代新风气而言，其意义是深远的。康有为运用报刊这一锐利武器，进行宣传组织工作，有力地推动了近代中国新闻事业的发展。宣传改革、变革现状的报刊一时如雨后春笋般在全国各地出现。尤以上海的《时务报》、澳门的《知新报》、天津的《国闻报》影响最大，形成了三足鼎立，南北中遥相呼应的宣传变法维新的格局。这从社会舆论上推动了维新变法的开展。

伏阙忧危数上书

"胶州警近圣人居，伏阙忧危数上书。"康有为诗中的"胶州警"，指1897年12月5日，德国强占山东胶州湾，清政府随即应允德国要求，拱手割让。圣人孔子的故居在曲阜，距胶州近。"数上书"，指上清帝第五、第六、第七书。在三次上书后不久，康有为组织了保国会，以保国、保种、保教为宗旨。这是康有为为实现变法维新的再一次冲刺。上引诗句出自1898年所作的《怀翁常熟去国》一诗中。常熟，指翁同龢。翁同龢（1830~1904），字声甫，号叔平，江苏常熟人。以地望称人是表示尊敬之意。翁同龢是光绪帝的师傅，帝党的首脑。以工部尚书参与军机，兼在总理各国通商事务衙门行走，并先后任户部尚书、协办大学士等职。他积极支持康有为的主张，是戊戌变法史上的关键人物。是他向光绪推荐了康有为。康有为知道后感激涕零，便作此诗以示心意。

《上清帝第五书》，是康有为于1897年12月5日呈上的。他觉得中国人满为患，巴西土地肥沃，人口稀少，若移民前往，既可开拓巴西，又可建一个新中国。不料胶州湾事件的出现，使康有为再次感到瓜分豆剖、任人宰割的危险。仓促草就的条陈，一方面使以往康有为心目中蓄积已久的兴民权、开国会、立宪法的宪政思想，一下子跃然纸上；另一方面字句更加尖锐深刻，情绪更为慷慨激昂，字里行间充满了炽热的改革精神。

《上清帝第五书》的最大特色是，正式提出国事需经国会讨论施行和颁布宪法的宪政思想。这涉及了清朝中央国家政权体制的改革，反映了康有为要求对封建政权进行较为彻底改革的心声。为实现这一主张，他提出上、中、下三策以供选择。上策是效法沙皇彼得和明治天皇变法的榜样，中策为集中全国人才讨论变法的计划，下策系授权各省总督巡抚各自变法。三策之中，行上策可强，行中策可不弱，行下策可不亡。康有为希望皇上酌情选择，但是不能再徘徊迟疑了。

　　《上清帝第五书》主要缺陷有两个：一是未对兴议院、颁宪法这两个建议作系统的论述；二是康有为再次把希望寄托于帝王是否存在于发愤的心术上，冀望光绪帝因胶州湾事件而发愤图强，使国家的命运出现新的转机。

　　《上清帝第五书》被守旧派阻挠后，康有为进京目的未曾达到，于是又在京师遍谒当道，上至军机、译署大臣，下至翰林、台谏官员，都是康有为游说争取的对象。康有为虽冀望于光绪，但也寻求其他改革力量的支持。眼见一封封充满赤诚之心的上书，如泥牛入海，便作了回归家乡之准备。这时的北京已是隆冬，弥漫的雪花在空中飘舞。在整理好行李后他依恋地看了南海会馆一眼。恰在此时，急速的马蹄声由远而近传来，抬头一看，车上下来的竟是翁同龢。他对康有为说："且慢远行！今晨我已力荐君上矣。都察院给事中高燮曾上了奏章，特荐康有为，请皇帝召见。"听了翁同龢的话，康有为默默地从车上卸下行李，遵从翁同龢劝告，决定留京等候佳音到来。光绪也想当面与康有为谈谈，对高燮曾的奏章当即表示，可择日召见。恭亲王奕䜣听了许应骙的话，在光绪帝面前阻止，说康有为官阶还不够召见的资格，于是改命大臣请康有为到总理各国事务衙门去问话。

　　1898 年 1 月 24 日，大学士李鸿章、翁同龢、荣禄、刑部尚书廖寿恒、户部右侍郎张荫恒五人，奉光绪之命，约见康有为于总理各国事务衙门，问以变法事宜。总理衙门的氛围是肃穆的，大门口站着整整齐齐的清卒，毫无表情的脸色，使人望而生畏。表面上待以宾礼，实为顽固派与维新派之间头面人物一场因循守旧与变法维新的对话。先发话的是大学士荣禄。荣禄还是弹奏他的老调，凡是列祖列宗制定的制度都是不能变动的。康有为回答道，守祖宗之法是为了治理国家，现在祖宗之地不能守，还有什么祖宗之法可谈？现今谈话的地方是"外交之署"，也是祖宗之法中未曾有的，是因时制宜后设立的机构。荣禄抬出的是祖先崇拜，康有为的答复是机智的而又尖锐的。1861 年 1 月总理各国衙门成立，这一机构总揽外交（对外交涉：如教案、出使之类）以及同外国发生干系的财政、军事、教育、制造、矿物、交通、海防、边防等各方面的大权，亦称"译署"或"总署"，也即康有为说的"外交之署"。此前中国以礼部与理藩院为主，分别接待藩邦、属国或外国的贡使。这种机构体现了天朝上国的观念，是传统夷夏之辨中文化自大主义的制度化结晶。从道光到咸丰，二十年之间，被视为夷人的不甘心充当贡使的角色，一再用隆隆炮声表明他们与天朝上国不仅是平起平坐的，而且是更强的对手。于是"祖宗之法"不得不变，中外交往的机构也变为"抚夷局"。抚夷局设于咸丰十年（1860）。抚夷，是泱泱大国至上的心态。抚夷局设立不久，又不得不一变，变为总理衙门。名称的变换，反映了祖宗之法难以面对现实，不得不在制度上被迫适应列强需要而变更。从礼部、理藩院到总理各国衙门，是中国近代政治制度的最显著的变化。康有为的举例是极有说服力的，刚才还振振有词的荣禄，被康有为说得哑口无言了。荣禄在谈话未结束时先愤愤地走了。

李鸿章质问道，六部尽撤，原先的制度不是尽弃了吗？康有为回答说，现在是列国并立之时，不是大一统时代了。朝廷现行的法律、官制，都是适应大一统的格局而立的。这正是中国走向衰弱的根本，诚宜尽撤，即一时不能尽去，亦当斟酌改定，新政乃可推行。康有为强调，时代变了，人们的观念也应更新。必须摒弃传统的天朝上国观念，以及与这种观念相适应的法律和制度。康有为在这场舌战中，表现了崭新的见识和惊人的才智。李鸿章双目直盯着康有为，无话可说。这场对话持续了好几个小时直到天黑才告结束。

舌战中占尽上风的康有为处于兴奋之中，连夜握笔疾书，仅在问话后五天，1898年1月29日，康有为又上《上清帝第六书》。此折有三方面的内容：第一，针对顽固派"笃守旧法而不知变"的观点，提出"新壮旧腐"的进化论。他说："夫物新则壮，旧则老；新则鲜，旧则腐；新则活，旧则板；新则通，旧则滞，物之理也。"新的比旧的有生气，新的有活力而旧的则老化，这是事物普遍存在着的客观规律。顽固派主张一切照旧，反对任何变革；洋务派主张变，但封建制度和纲常名教不能变，可变的只是接受西方资本主义的物质技术。对此康有为断言："能变则全，不变则亡，全变则强，小变则亡。"这是针对顽固派而发的。对洋务派的新政，他认为只是袭洋人的皮毛，如同厦屋发发将倾，只是粉饰补漏，狂风暴雨之来，想房子不压垮是不可能的。康有为强调"全变则强"，旧法必须尽除。第二，康有为要求，把"先定国是"作为变法的大前提，也就是说一定要明确前进的方向，"夫国之有是，犹船之有舵，方之有针，所以决一国之趋向，而定天下从违者也"。第三，不再提兴民权、设议院、定宪法等主张，而代之以制度局。由原来"变于下"改为"变于上"，这是策略上的转变。从思维进程来看那是后退了，但以操作性来说，开制度局实行起来更方便些。康有为认为，明治维新的主要经验是开制度局。具体地说，是在制度局下成立法律、税计、学校、农商、工务、矿政、铁路、邮政、造币、游历、社会、武备十二个局。凡制度局所议定之新政，皆交十二局执行。制度局是立法性质的机构，十二局是行政性质的机构。康有为暂时收起国会、宪法、民权的旗帜，是出于策略上的考虑。要依靠皇帝进行改革，首先得在不损害君权至尊的前提下，制定一套易于接受的改革方案。康有为没有放弃"变于下"的想法，他在京师组织保国会，策动公车再次上书，以内外、上下结合的办法，向清朝统治者施加压力，以促使变法高潮的来临。

康有为策动新的公车上书的契机，是德国士兵骚扰山东省即墨县文庙之事。是年1月22日，德军闯入即墨县文庙，将孔子像四体伤坏，任意践踏，引起民怨沸腾。参加会试的山东举人及孔子后裔孔广謇等十余人，将此事向都察院告发。康有为、梁启超闻讯后，借机发难，鼓动各省举人纷纷向都察院呈递条陈。联名上书者大多以省为单位，既有各省公车，又有各衙门京官，其中有不少是保国会会员，而出面发动者，有十二人，大多为康有为弟子，如梁启超、麦孟华、沈仕任、林旭等人。在举人上书中，署名人数最多，又最能体现康有为主张的是5月6日由麦孟华领衔的联名公呈。在公呈上签名的有八百三十二人之多。公呈的大意是：即墨县文庙孔子像被折断手脚，子路像被挖去眼珠，是蔑视圣教的举动。孔教兴衰关系着国家存亡。毁坏先圣先贤之像，明是蔑视中国圣教，暗是毁灭中国人的爱国心。举人们强烈要求清廷向德国提出抗议，查办毁坏圣像之人，赔偿一切损失，以防破坏类似事件的再度发生。这份公呈经康有为过目后同意，体现了康有为利用圣人崇拜的传统观念以挽救危局的思想。

在策动第二次公车上书前，康有为于 3 月 12 日递了《上清帝第七书》。此折的议题，以俄国彼得大帝变法图强的历史，说明中国的变法莫如模仿彼得大帝。此折既乏《上清帝第六书》中的那种哲理色彩，也无民权、议院、宪法等内容，而具体变法措施又早已提出，故不多分析了。

1898 年春，各省举人云集北京。康有为以为，经割让台湾的创痛之后，一些士大夫仍醉乐酣嬉，不知国耻，今年胶州、旅顺、威海又相继割弃。有必要成立一个组织，使爱国热忱成为天下人的共意。刚好江南道监察御史李盛铎对爱国维新的宣传也很热心，于是康、李两人为主要发起人，组织保国会。4 月 17 日，在北京粤东会馆开第一次会议，到会的京官与各省举人有两三百人。康有为在会上演讲，痛陈四亿中国人已如笼中之鸟，釜底之鱼，牢中之囚，为奴隶、为牛马、为犬羊，已面临种族沦亡的地步。当此奇惨大痛之际，人人应树立救天下之意识，而确立这种意识必须确立与增强个人的爱国主义的热忱。

在第一次集会时，议定了保国会章程三十条，保国、保种、保教，即保全国家的政权与土地，保中华民族的自立。章程详细规定了总会和分会的组织、权限、纪律、入会手续、会员的权利和义务、领导及工作人员的职责等。保国会已粗具资产阶级政党的规模和性质，是维新运动中影响最大的进步团体。

保国会成立后，保滇会、保浙会、保川会相继成立。康有为居住的南海会馆经常是高朋满座。他不分昼夜，前往各会宣讲，变法声浪震动了京畿。这引起了顽固派的惊慌与仇视，一场围攻集中于保国会。先是康有为无意中得罪了吏部主事洪嘉与，洪怂恿浙江人孙灏出面攻击，替孙灏写了《驳保国会章程》，对三十条章程逐节驳诘，印了数千本向权贵散发，顿时谣言风起。御史潘庆澜于5月2日上疏弹劾，说康有为成立保国会是聚众不道。李盛铎见风向已变，反戈一击，上疏参劾保国会聚众滋事，图谋不轨。军机大臣刚毅借李盛铎的奏折，要求追究保国会员。风云变幻，一封又一封奏折，上疏光绪帝。短短一个月中，保国会连遭劾奏，但终未封禁，与光绪帝的护持是相关的。保国会是拥护光绪帝的政治团体，《保国会章程》第二条是："本会尊奉光绪二十一年闰五月二十七日上谕，卧薪尝胆，惩前毖后，以图保全国地、国民、国政。"把拥护自己的政治团体查禁，岂不是自打耳光吗？这是没有明谕申禁的又一原因。

保国会遭劾而未封，比强学会的命运要好一些。它的规模比强学会大，宗旨较强学会显明而扼要，比强学会更具政党规模。它的出现，促进了各省自保的救亡运动。保国会成立不到两个月，光绪就"诏定国是"，它对戊戌变法的实现，是起了促进作用的。

顽固派攻散保国会后，把攻击矛头集中在康有为身上。礼部尚书许应骙上奏折要求驱逐康有为，受光绪帝斥责。御史文悌又上疏参劾康有为，说保国会同会匪无异，有犯上作乱之心，名为保国，势必乱国。光绪见奏折后大怒，下令革掉他的职务。一场诋毁康有为的狂潮，方始平息。1898年6月，在民族危机深重之时，以康有为为首的维新派，得到光绪的支持，进行了一次资产阶级性质的变法，出现了"家家言时务，人人谈西学"的新格局，要求改革的维新思潮，弥漫于神州大地上。

短短百余天，康有为同梁启超、谭嗣同等人，把变法维新的主张付诸实践。他们倚仗的是无实权的皇帝，维新派手中没有可运用自如的军队。荣禄、袁世凯等人一反攻，西太后下令囚光绪于瀛台，康、梁等人只得出走，而谭嗣同等六君子喋血于菜市口。戊戌维新运动虽告失败，但在神州大地上仍激荡着这场运动的余波。戊戌变法时期发布的一批有利于资本主义发展的除旧布新的法令，并没有得到真正实施，但其所激起的波浪不曾在茫茫禹域中消失。

第4章

百日维新终流产

自 1898 年 6 月 11 日光绪 "诏定国是" 决定变法起，至同年 9 月 21 日政变止，共计一百零三天，史称 "百日维新"。在一百零三天中，光绪发布了许多上谕，使自下而上的带有群众性的变法要求，变为自上而下进行改革的实际行动。

光绪皇帝座上客

1898 年 1 月 25 日，即在总理衙门西花厅问话后的第二天，翁同龢把情况奏明光绪。光绪要召见康有为，因奕䜣阻隔而作罢。但光绪给予康有为专折奏事权，并指令总理衙门，今后凡康有为的奏折可直送宫中。

5 月 29 日，军机处领班大臣恭亲王奕䜣死去，顽固派失去了一个头目。康有为认为，应趁奕䜣刚死，顽固派阵脚不稳定之时，急速进行变法。他于 6 月 8 日给光绪上了《请明定国是疏》，请光绪 "明定国是"，实行变法。这道奏折由翰林院侍读学士徐致靖递到光绪手中。这时光绪正处于历史抉择的关头，守旧与革新，彷徨踟蹰，难以下定决心。对光绪来说，历史提供了可供他选择的道路。垂帘听政的现实，连召见臣僚权力都没有的傀儡皇帝，使他不得不虑及后党的势力。决断排斥了犹豫，他选择了变法之路，于1898年6月11日颁布了"明定国是"诏书。诏书指出，古代五帝三王的那套，不能再沿袭了，当今需要的是及时变法。特别是练兵和兴学，前者用以强国，后者资以励才。诏书强调，以古代圣贤义理之学为根本，又博采西学之切于时务者而采用之，这是"中学为体，西学为用"的格局。发轫于19世纪60年代，由冯桂芬、王韬、郭嵩焘、郑观应、孙家鼐等人鼓吹和赞许过的"中体西用"思想，作为光绪实行维新变法的政治原则公布于天下了。

出于对列强侵略中国、国内危机四伏的忧虑与力图革新、不愿做傀儡的心情，促成了光绪同意实行变法。外患日急，是一个因素；而国内危机遍伏，也是重要因素。甲午、戊戌间，城市平民、农民暴动频繁，会党斗争不断发生，回民起义波及陕、甘、新、青、康各省，四川、山东反洋教活动此起彼伏，加以台湾人民的反割台斗争、资产阶级革命派的广州起义等，使光绪不采取政治改革措施，难以维护王朝的统治，也不能团结人心。1898年光绪成亲，慈禧表面上说归政，实际上仍大权独揽。

光绪准备改革，但后党故步自封，对内禁强学会，驱文廷式，对外派李鸿章赴俄签订《中俄密约》，出卖东北，换取武力保障后党的势力。光绪曾发过几次上谕，如推广学校以励人才，裁减绿营无用之卒，精练陆军，节约粮饷等，但先后遭到王文韶、刘树棠等人的稍宽时日裁兵节饷及无切实办法的复奏。无权受制的事实，使光绪决心变法以挣脱后党的束缚。光绪支持变法，客观上是基于甲午战争后的政治、经济危机的日益严峻；主观上是为了摆脱慈禧为首的后党，做一个名副其实有权力的天子。康有为成为光绪帝的座上客，只是时日的问题了。

与康有为的直接对话，是光绪为变法采取的重大行动之一。6月13日，侍读学士徐致靖上了《密保人才折》，保举了五个人：1. 工部主事康有为；2. 湖南盐法长宝道黄遵宪；3. 江苏候补知府谭嗣同；4. 刑部主事张元济；5. 广东举人梁启超。光绪下诏定于16日召见康有为。慈禧先发制人，在前一天即15日，把帝党领袖翁同龢免职逐回常熟原籍。6月16日，光绪帝顶着压力，打破清朝皇帝不召见小臣的祖宗之法，召见康有为于颐和园勤政殿。君臣对话在《康南海自编年谱》里有详细的记载。

康有为首先陈述，中国已到生死存亡的关头，非变法不能自强。光绪表示赞同说："今日诚非变法不可。"康有为说，近来虽有变法之行动，但只是小变动而不是全局性变法。变法得从制度、法制上先行改定，枝枝节节的只能是"变事"。从统筹全局看，先开制度局与变革法律是根本。康有为说他研究过各国变法，西方各国经三百年才富强起来，日本维新三十年就强大起来了，以中国国土之大与人民之众，变法三年就可自立了。康有为问，既知非变法不可，为何久久没有举动呢？光绪注视了一下帘外，叹息地说："奈掣肘何？"康有为觉察到光绪在慈禧淫威下无可奈何的心情，便迂回地建议，就皇上现在的权力，行一些可以变动之事情。如对一些位高年老的守旧大臣，保持原有的俸禄，使他们无失位的恐惧，便不会阻挠新政了。比较好的办法是擢用有才干的小臣，给以官职，准许他们上条陈，以观察他们是否有真才实学，考虑破格提拔。光绪表示同意。

康有为接着痛陈八股试士的危害性。在急遽的历史事变中，诸多大臣缺乏经世致用的本领，是由于他们是从科举制度中考出来的。民众的智慧缺乏，是今日最大的忧患，而民智不开的原因，是由于八股试士的制度。光绪赞许地说，西人皆为有用之学，中国皆为无用之学。对筹款以解决财政困难之事，康有为举出日本发纸币、办银行，印度征收田税等办法，为国家筹划到巨款。又说中国地大物博，资源丰富，不要患贫，可怕的是民智未开。接着康有为又说，要翻译西书、游学、派人出国考察等事。君臣又讨论了用人行政、开民智，以及移风易俗、改造社会等许多问题。康有为一问一答，"盖对逾十刻时矣，从来所少有也"。

康有为向光绪强调，对各项变法措施，要下措辞坚定的诏书。光绪把康有为引为知己，康有为每一见解几乎都受到他的激赏。君臣二人如鱼得水，大有相见恨晚的味道。最后光绪对康有为讲，有什么建议可具折条陈来。经这次召见，光绪准备重用康有为，因荣禄与刚毅等人反对，只给了他在总理衙门章京上行走的职位，准予专折奏事。康有为抓住这一特殊待遇，不断地上奏折，递条陈。有自己具名的，有为别人草拟的，在短短三个月中，上了不少新建议，包括政治、经济、军事、文教等方面的除旧布新的建议。

世界意识惊皇上

百日维新前后，康有为不断地向光绪进呈各国变法的新书。这些书籍观点新颖，针对性强，洋溢着同时代人所缺乏的世界意识。长期以来，闭关锁国的政策，使在宫殿中生活的帝王，与外部世界完全隔离开来。康有为在屡次上书中，突出了"列国并立之世"与"一统之世"的本质区别，希望光绪放下至尊的架子，与外界接触，知天下之舆论，采万国之良法。

《俄彼得变政记》是康有为最早向光绪进呈的一部书。全书仅一卷，七千余言，前有序。呈上的时间是 1898 年 3 月 11 日。书中要求光绪学习俄国彼得大帝改革的勇气，下定变法的决心。美、英、德等国为地球上强盛之国，美国实行民主共和制，英国与德国虽实行君主立宪制而权力实握于议会中，只有俄国的政治体制与中国最相仿。想保持君主权力而进行变法，最好以彼得大帝为榜样。书中描述了彼得一世改装易服，隐姓埋名，亲自游学瑞典、荷兰、英国、德国、法国等国，学习各国先进的科学技术，考察各国的政治法律制度的事迹。回国后，彼得大帝迁首都、造战舰、印书籍、修道路、立邮局、开矿产、设议院，使俄国气象一新。他希望光绪像彼得大帝一样，冲出九重宫禁，放眼世界风云，到世界各国去学习别国的长处。

由于日本向西方学习卓有成效，中国人要收到事半功倍的功效，更应该向日本学习。为此他进呈了《日本变政考》，进呈本分上、下两函，凡十三卷。因所译日文太深奥，康有为加以润色，使文从字顺。此书于 6 月间开始随编随送，分卷进呈，一卷甫成，马上进呈给光绪；光绪复催，即再进一卷。内容是日本明治新政施行后的效果，光绪读后很喜欢。全书近十五万字，其中"注""序""跋""按语"计三万三千字，几占全书的四分之一。依据明治维新的史实，他全面而系统地阐述了仿日改制的政治主张和变法措施。

为增加光绪对西方政治的了解，康有为反复鼓吹立宪法、设议院的必要性，着重宣传了三权分立的思想。康有为以为，泰西之强不全在兵力、制造与教育，政治体制的完善也是重要的因子。日本政治日新月异，是变法开始就确立三权分立的体制，这是学得了西方政治的根本。他介绍说，三权是指一个国家中的立法权、行政权和司法权。这三种权力得由三个不同机构来掌握和行使，否则就不能保证民主得到充分的体现。三权分立的学说，其核心是分权与制衡的原则，杜绝了个人或机构取得绝对统治权的可能。立法权，是制定制度与法律的权力；行政权，是依法行使的权力；司法权，是惩罚犯罪、裁决争讼的权力。三者之间的关系是彼此钳制、协调前进。在近代中国较早介绍三权分立学说的，是早期改良派的马建忠。在皇权至上的时代里，公开、全面介绍三权分立学说，无疑是有启蒙意义的。康有为不仅向光绪介绍三权分立学说，且直截了当地认为，"今欲行变法，非定三权未可行也"。其目的是让维新派得到议政、参政之权利，达到革新中国政治体制的要求。三权分立，为资产阶级设计了一个反封建专制与依法治国的完整方案，保证了资产阶级民主制度的实现，使君主专制的人治走向了以法律秩序为基础的法治。康有为以三权分立为变法的前提，是中国历史上首次按近代化民主标准所进行政治制度改革的尝试。

《日本变政考》一书，系统地反映了康有为的政治、经济、文化、制度方面的改革主张和维新思想。对缺乏世界意识的光绪，又成为其颁发谕旨、实行新政的重要依据。康有为对此颇为自豪，声言他进呈的《日本变政考》，于官制、财政、宪法、海陆军、农工商矿各事等等，光绪皆表示赞同。维新期间的新政，大多不在大臣们的奏折之中，枢臣及朝士们茫然不知所自来，于是怀疑上谕皆为康有为所拟。康有为觉得，这是不可能的；可能的是我所进之书中的按语，为光绪采用后以谕旨形式发布出来的。《日本变政考》中康有为的许多按语，是光绪谕旨的根据，可见该书对光绪及变法影响之大了。

《列国政要比较表》是百日维新进入高潮之际，康有为赶写出来的一部重要著作。全书由序言、比较表格及按语三个部分组成。该书共收录不同内容的表格十三种，涉及各国土地面积、人口总数与密度等自然资源的比较；更重要的是社会经济、教育、交通、文化状况的比较，如各国货币、粮食、商务、远洋货轮总吨数、每平方公里铁路数、邮政、教育、宗教等。每表以后以"臣有为谨按"的形式，结合表格内容，加进长短不一的按语，表达自己的变革思想。通过比较，他用大量事实说明，大一统时代过去了，列国竞雄时代已经来临，必须抛弃天朝上国的陈腐观念。就世界文明史而言，世界五大洲中，亚洲开辟最早，有中国、印度、波斯这样的文明古国。但是列强自西徂东，许多国家被荷兰、葡萄牙、英国、法国、俄国所吞并。面对泰西列强环伺的形势，必须克服"自尊胜而无与比，安惰傲而不求进"的心态，确立与列国相互比较、竞争的世界意识。有比较就知道长短、高下、大小的差别，羞耻心、竞争心就会产生；无比较则长短、高下、大小俱不见，独尊自大，无羞耻、不竞争，也无复有求进之心。"自尊胜而无与比"，是一种中世纪的意识，是同各民族的闭关自守状态相吻合的，它是以独尊自大和歧外心理为基础的。因比较而产生羞耻、恐惧、竞争的心理，是近代的意识。康有为把当时能收集到的世界各国资料进行分类排比，是一种世界意识，象征着中华民族的觉醒。难怪在紫禁城里的光绪刚看完一部，又催着要下一部。

康有为用数字对比的方法，说明当时中国经济十分落后的状况。如铁路，比利时仅中国一府之地，铁路却修筑了三万里。自光绪即位后的二十四年中，英、俄、德、法的铁路增长三十一倍有余，意大利、秘鲁、罗马尼亚等国增长了三倍，智利、土耳其增长了五倍，澳州、哥伦比亚增长了二十倍。举办了洋务新政的大清帝国，铁路修筑却少得可怜，在万国之末，怎不令人叹息呢！对各国船舶吨位情况、在校学生数的对比，说明了大清帝国已无复泱泱大国的雄风，科学文化大大落后于西方。中国不能为闭关之谋，唯有向先进国家学习，争雄竞长，才能御侮图强。

在比较的基础上，康有为提出发展资本主义经济的建议。他重视商业在经济中的作用，主张逐步用商品经济替代自给自足经济。西方各国都设有商务大臣，有商会、商学、商律，所以列国之富在竞争，其富在商。"国富在商"是《上清帝第二书》中"以商立国"观点的发展，与历王朝奉行的重农贱商的政策是背道而驰的。"国富在商"的见解，在今天看来是常识，但在当时无疑是相当精辟的。

《列国政要比较表》是一部贯穿着竞争意识的著作。所使用比较手法，说明康有为已跳出妄自尊大的文化自我中心，以求改变中国落后现状，具有强烈的世界意识。"一卷甫成，即进上；上复催，又进一卷。"可见康有为的世界意识是如何深深地惊动了光绪帝，从而加快了戊戌维新变法的节奏。

除旧布新推新政

光绪本人是留心时务，注意新政的。在德国强占胶州湾后，他将以前喜爱的宋之版本、汉学经说视为无用之物，而大购西人政书以览之。据翁同龢记载，在推行新政前，他阅读过陈炽的《庸书》与汤震的《危言》。光绪亲政之后，嘱咐翁同龢、孙家鼐进呈冯桂芬的《校邠庐抗议》。阅后认为此书最切时宜，下令印刷一千部，发给大臣们观看，并签注各自的意见或评论。光绪所受的影响是多方面的，但主要还是康有为。光绪帝新政的"上谕"，大抵不出康有为历次上书和诏定国是后专折建议。其中也有接受别人奏疏的，但这些建议，或系康有为所授意，或出康有为所代拟。康有为的建议，布新多于除旧，大体上分为政治、经济、军事、文化教育四个方面。

在政治方面，希望中国有一个不根本改变封建制度而能发展资本主义的宪法和议会；在经济方面，要求保护和发展工商业，对民族资本主义的发展给以适当的支持；在军事方面，要求重练海陆军，挽救中国被瓜分的危机；在文化教育方面，提出废科举、办学校、译新书，以培养新式人才。

这些建议基本上为光绪的上谕所覆盖。于政治上，光绪诏定国是，谕各臣知变法自强之重要，改良庶政。命遇有士民上书言事，都察院毋庸拆阅，亦不得稽压。诏裁詹事府、通政司、光禄寺、鸿胪寺、太常寺、太仆寺、大理寺等衙门，命铁路矿务总局、农工商总局酌插各衙门裁缺人员。决心开懋勤殿以议新政，命出使大臣选择侨民中著名可用者征送回国，以备使用。在经济方面，命各省整顿商务，在各省会筹办商务局。

命沿江、沿海、沿边各地商贾辐辏之地，广开口岸，以图商务流通。奖赏士民创作新法，准其专利售卖，有能开辟地利，兴造枪炮厂者给予特赏。在京师设立农工商总局，各省设分局，制造机器。饬盛宣怀赶办芦汉铁路，并命承办各员迅速开办粤汉、沪宁各路。军事上，命各省陆军改练洋操，通谕各处八旗、汉军、炮军、藤牌营等，改习洋操，新法练军。命各省力筹拨款，以添设海军，筹造兵轮；命陈宝箴、刘坤一在湘购机建厂，制造快枪、弹子。文化教育上的改革，明谕自下科始，乡会试及生童岁科应试，废除八股文，不再以四书为出题的内容，而一律改试策论。谕令各省、府、厅、州、县之大小书院以及民间的祠庙，一律改为兼学中学、西学的学堂。省会设高等学堂，都城设中等学堂，州县设小学堂。创设京师大学堂，官书局及译书局均并入大学堂。命康有为详细译出泰西报律，参照中国情形，定出报律。准令各省督抚劝诱推行禁止妇女缠足。拟由各省督抚选派一批年幼聪颖的学生赴日本学习矿务。

就光绪上谕的内容来说，对康有为军事与文教方面的建议，几乎全部采纳；经济上除废除漕运和厘金制之外，也在诏书中得到了体现；但政治方面则对康有为一再提出的开国会、定宪法都未曾涉及。不过，光绪帝在月中宣布准备讨论对政治制度进行根本改革一事，表明有可能接受这些建议。

光绪对现存秩序的改革，触动了以慈禧为首的顽固派的神经中枢，涉及权力与利益的再分配。新政不但同大多数官员的传统观念背道而驰，而且同整个官场的既得利益发生冲突。指派年轻的维新派，尤其是赏杨锐、刘光第、林旭、谭嗣同加四品卿衔，在军机章京上行走，参与新政事宜，是对清廷中高级守旧官僚权力的有力挑战。对守旧官僚怀塔布、许应骙等人官职的革除，是对众多在任官员权力的蔑视。新条例规定，士人和官员可直接向皇帝上疏，这有着挑战现有高级官员权力地位的倾向。废除八股文，使许多士人失去按旧例晋身机会的可能性。新政最具威胁性的一招，莫过于对握有实权的慈禧太后的轻视。新政在除旧布新上的惊人速度和日益激进的维新倾向，使康有为成为人们心目中的眼中钉。京师谣言纷纷，谓康有为欲尽废京师六部九卿衙门；有些顽固派，皆欲得康之肉而食之。

双方之间的矛盾冲突，在百日维新刚开始时就趋于表面化了。光绪和康有为为首的维新派正忙于发布诏令时，慈禧和后党暗中集结力量。在翁同龢黜退还常熟原籍那一天，荣禄被指派署理直隶总督，统率华北的全部军队。尔后，又授为文渊阁大学士和北洋大臣，从而身兼将相，权倾当朝。同时，慈禧又迫令光绪下谕：凡二品以上大臣授新职，要具折到皇太后前谢恩。

在接着而来的两个月中矛盾继续激化。先是礼部主事王照曾上折请光绪游历日本及各国，并请立商部、教部，而礼部尚书怀塔布、许应骙等不肯代递。光绪以广开言路早经降旨申明，尔今怀塔布、许应骙等故意阻拦，若不予以严惩，无以警诫将来为由，革去了礼部尚书怀塔布、许应骙及四名侍郎的职务。如此大胆夺权的行动，终于导致了摊牌时刻的到来。

苦无良策挽时局

9月4日至5日发生的这两件事，促使后党加快策划政变的阴谋。李鸿章的姻亲杨崇伊被派到天津与荣禄联络，密商对策。慈禧为首的后党，又企图强迫光绪帝秋季去天津阅兵，乘机将他废黜，另立新君。康有为感到形势吃紧，便向光绪帝提出三策：1. 仿日本设立参谋部，收回军权，皇帝自任陆海军大元帅；2. 改元维新元年，并断发易服，以示变法决心；3. 迁都上海，以脱离慈禧为首的顽固派的圈禁。设想固然精巧，但光绪帝一项都无法实行。风声鹤唳，危机日临。9 月 13 日，光绪帝交杨锐一道密诏，意思是说，时局艰难，非变法不足以救中国；非去守旧之大臣，任用通达英勇之士，不能变法，而皇太后不以为然。今朕位几不保，康有为、杨锐、林旭、谭嗣同、刘光第等人，可妥速密筹，设法相救。康有为等人跪在地上捧诏痛哭，泣不成声。康有为手中没有足以制服顽固派的力量，便把维新运动和光绪帝的命运，孤注一掷地冀望于袁世凯身上。

　　史称窃国大盗的袁世凯，在甲午战争后表现出了倾向变法维新的一面。他对西法的了解，不在康有为之下。对变法的赞同，来自袁世凯对中国在世界上所处地位的了解。这是袁世凯在强学会能和维新派接近的思想基础。否则难以理解，为什么康有为首先想到的是袁世凯了。早在 8 月间，康有为便派徐仁禄到天津小站兵营去游说袁世凯了。袁世凯是脚踏两只船，惯于见风使舵的政客。他见康有为势头蒸蒸日上，自然不敢得罪，便对徐仁禄说，康有为有悲天悯人之心，经天纬地之才。为袁世凯花言巧语所迷惑，康有为作出了袁世凯为我所动，决策荐之的结论。其实袁世凯与荣禄的关系至为密切。1896 年御史胡景桂弹劾过袁世凯，罪状是徒尚虚文、营私军饷、扰害地方。这对袁世凯在天津小站的地位构成威胁，是荣禄出面保奏，才使袁转危为安，非但未受惩处，反而得清廷嘉奖。据清宫档案记载，1897 年，荣禄曾两次向光绪递折，对袁推许备至，说袁性格果断，胸有权略，且对西方的军事知识如兵法、测绘、枪学、炮学、操法等均能洞悉窍要。对荣禄于袁世凯极尽提掖拉拢之能事，以及两人之间的亲密关系，康有为及维新派很难全部知悉。袁世凯当着徐仁禄之面，称许康有为，并露出对荣禄的不满，说荣禄反对汉人握兵权，纯粹是敷衍康有为的谎言。康有为只知其以往一起开过强学会，有赞同变法倾向的一面，而对他深相交纳荣禄以巩固自身地位与惯于使用两面派策略的手法，未能识破，反而信以为真，得出"袁为我所动"的错误判断。这导致了两个错误：一是康有为代徐致靖草折向光绪帝推荐袁世凯；二是派谭嗣同到法华寺说袁勤王，全盘托出维新派的计划。奏折于 9 月 11 日递上，称袁世凯智勇兼备，亟请光绪破格拔擢袁世凯，希望光绪能直接调遣袁世凯。奏折甫上，光绪颁布谕旨，于 9 月 16 日予以召见，并授侍郎候补之职。正是在袁世凯被召见拔擢后，后党才频繁调动军队，紧张地策划政变之谋。

对康有为保荐袁世凯这一重大决策，在维新派内，持反对意见的有王照与毕永年、谭嗣同。王照，直隶宁河人，光绪甲午进士，庶吉士致礼部主事，与维新派颇多往还。他知道召袁世凯入都之事大惊，便去问徐致靖推荐的缘由。之后又上奏折，请皇上派袁世凯所部驻河南归德府以镇土匪，以阻止袁世凯入京。毕永年，湖南长沙人，拔贡生。弱冠与谭嗣同、唐才常相友善，频往来。后北上到京师，由谭嗣同引见给康有为。康有为迫于时限，有兵围颐和园擒杀西太后之打算，知道毕永年是会党中的佼佼者，便委以重任。但他对康有为荐袁之举，深不以为然，认为袁世凯是李鸿章的党羽，而李属后党，不可深信。康有为却对毕永年说，他已派徐仁禄去离间袁世凯与荣禄的关系，袁世凯已深信他的离间计，怨恨荣禄与西太后了。毕永年是由湖南乍到京师之人，一再向康有为申述，袁世凯是不能共谋大事之人的见解，理应引起康有为的重视。康有为却一意孤行，武断、执拗的性格令他听不进别人中肯的意见，过分信任袁世凯就是一个典型事例。

时局紧迫，毕永年去见谭嗣同，商讨兵围颐和园之事。毕永年是康有为等人选中，协助袁世凯包围颐和园执杀西太后的当事人。谭嗣同认为，托袁"此事甚不可"，但康有为以为救危局只有袁世凯一人。康有为对毕永年说，袁世凯极为可用，"吾已得其允据"，把袁世凯书信中感谢康有为荐引拔擢的内容给毕永年看，说袁世凯已表示，"赴汤蹈火，亦所不辞"。这是毕永年日记《诡谋直记》所记载的。这同先前谭嗣同去法华寺夜访袁世凯劝其勤王时，袁世凯所说的竭死力以救的话，均是欺骗维新派的假话。一方面是虚凤假凰地敷衍康有为，另一方面又于9月16日光绪对他破格拔擢后，去谒刚毅、世铎、李鸿章、王文韶等权贵，以示无尺寸之功受破格之赏、殊不自安的心态，讨好顽固派。凭他多年官场斗争的经验，他看准了实力坚强的顽固派而不是风靡一时的维新派，赌注押在慈禧太后一边。袁世凯把康有为等人的计划密告荣禄，慈禧太后得知后立即从颐和园深夜还宫，率领大批随从，直入紫禁城，冲进光绪的寝宫。据记载，慈禧声色俱厉地大骂光绪："汝以旁支，吾特授以大统，自四岁入宫，调护教诲，耗尽心力，尔始得成婚亲政。试问何负尔？尔竟欲囚我颐和园，尔真禽兽不若矣。"光绪在宫中不知康有为等人的勤王救驾之计划，还表白自己并无此意。结局是众所周知的，光绪帝被囚禁于瀛台。慈禧以光绪帝名义发布上谕，声称皇帝生病，不能处理公务，再三恳请训政，不得不俯如所请，于9月21日起临朝听政。

9月28日，谭嗣同、杨深秀、林旭、杨锐、刘光第、康广仁"六君子"被处死，喋血菜市口。这些要犯，由刑部司官乔树楠监视。据徐致靖的外甥许姬传说，乔树楠对徐致靖讲了处决"六君子"的实况："这批罪犯，刑部不敢审讯，奏请派大臣会审。八月十三日（9月28日）突然有旨处斩，刑部官非常惊讶，因为这是违背大清律的。后来才知道，如果提审，许多事情都牵涉到皇上，而使馆方面纷纷向总理衙门打听皇帝的健康和逮捕这些人所犯何罪。太后觉得形势不妙，就越过法律程序，杀了六人，康广仁并未参与新政，也没有见过皇帝，因为逮不着康有为，拿他弟弟出气。"由此可见慈禧太后的淫威，她的话可凌驾于法律之上。其实在专制主义下，帝王口含天宪，言出法随。这些跟随康有为的志士仁人，就这样死在屠刀之下。而对慈禧来说，更加重要的是缉拿要犯康有为。

思想文化新潮涌

百日维新作为一场政治改革是失败了，但作为一场思想文化运动，维新派所带来的震撼，不是西太后的霍霍屠刀所能砍尽的。康有为从事的维新运动所引起的思想文化的变化，对中国社会和文化有长期的和全国规模的影响。

以康有为为首，梁启超、谭嗣同、严复等人相配合的对西方文化的大规模引进，造成了中国知识分子的思想激荡，引起了对原有世界观的冲击和新世界观的萌生。进化论的传播，是最能说明问题的。对于那时寻求变革理论的中国人来说，进化论不仅是一种自然科学、历史认识论，还是价值观、政治学说；不仅是一个描述世界的理论，还是变革世界的方案。从所达到的理论思维深度来说，康有为不及严复；但从其与变革中国现实的关系看，康有为胜于严复。他把进化论改铸今文经学的公羊"三世"说，以托古改制的形式，在中国历史上第一次将近代资产阶级维新变法的主张，升华到历史哲学的高度，有力地驳倒了顽固派祖先崇拜、复古主义历史观等陈词滥调。康有为的进化论为中国人提供了着眼于未来理想，以变革现存秩序为手段的一个新世界观，动摇了"天不变、道亦不变"的形而上学世界观。"天道后起者胜于先起也，人道后人逸于前人也"这句话，就是新世界观的概括性表达。另一个主要特征，是借用中国儒家典籍描绘的"天下为公"的大同世界，作为人类社会所要达到的社会理想，为此康有为专门写了《大同书》。进化论是康有为进行社会变革的理论工具，也是章太炎、孙中山、邹容等资产阶级民主派进行革命的基础，"革命开民智"（章太炎）、"革命是由野蛮而进文明"（邹容）等著名论断，都是奠基于进化论的，孙中山毕其一生是进化论的坚决拥护者。陈独秀、胡适向封建礼教发动猛烈的攻击，所持依据也是进化论。早年接受了进化论的陈独秀，视进化论为欧洲近代文明的特征所在，认为宇宙中的精神与物质，无时不在变迁即进化之途中。他把进化论贯穿到社会历史、伦理道德、文学艺术等诸多领域，提出"新陈代谢"的见解，并以此为宗旨对中国传统思想进行了清理。"新陈代谢"，同康有为的"用新弃旧""新壮旧腐"的主张何其相似乃尔！近代中国先进人物都齐集在进化论的大旗之下，对促进近代中国社会的变革是起到了积极的推进作用的。康有为努力把进化论同变革中国现实结合起来，对进化论的传播和发展有着不可抹杀的功劳。

自愿组合的团体，在中国历史上不是什么新鲜事。在以往的岁月里，文人、学者的结合是司空见惯的。明末的复社，对时政提出批评，具有强烈的政治色彩。17世纪后期起，清政府严厉禁止士大夫结社干政。1895年兴办强学会之际，康有为认识到，近代欧洲文化的迅速发展的关键之一，就在于学会的林立。在康有为大力推动下，强学会在京沪两地的出现，导致了全国众多学会的成立。据统计，从1895年到1898年三年中，存在过七十六个学会，它们分布在十个省和三十一个不同的城市，其中二十五个在内地。这些学会有十五个提倡社会改革，如戒烟、反缠足、提倡妇女教育；三十多个学会或按照实用精神去研究传统儒学，或以研究西方科学和翻译西书为己任；二十三个学会是以唤起士大夫的爱国主义热情和政治觉悟为己任的。在后一类学会中，像强学会、南学会、保国会等少数团体，是按照西方的民主而组织的。这打破了传统的以亲属、师生为主要纽带的格局，是以宗旨相近为联合的社团。这与古代社会的结社有本质不同。这就成为20世纪中国许多社团的新趋向，如预备立宪公会与"五四"运动时出现的众多社团，都可以视为兼有学术与政治性质的强学会、保国会的顺理成章的进展。

作为变革现实中国的重要工具之一的报刊，在1895年至1898年间，出现了约六十种报纸。这种惊人的发展，是同康有为偕其学生创办《中外纪闻》《强学报》《时务报》《知新报》所造成的冲击波分不开的。这一发展预示着近代中国社会改革的一个象征，即大众传播媒介的全国化。如《时务报》于1896

年秋天出版时，在九个省十九个城市有分销处。最后数目增到六十七个，遍布在十五个省以及东南亚和日本华侨界。维新时代所兴办的报刊，在性质上有新的突破，即作为传播爱国主义的工具与传播新政治见解的载体出现。在这以前，以商业利益为目标并为外国人所有的旧式报刊，都避免刊登具有政治意义的争论性文章。以康有为为首的维新派所办报纸有两个主要版面，一版专用于报道新闻，包括有关重要政策的诏令，各地地方新闻及重要的国际事件；另一版专用于社论，主要是关于国事的社会政治文章。报刊作为传播爱国主义思想情感与唤醒人们救亡意识的工具，一方面起到了介绍西方文化的启蒙作用，另一方面冲破了清统治者禁锢言论的文化专制主义的藩篱，是具有近代性质的公共舆论在中国的真正的开端。

康有为给近代中国留下的具有划时代意义的精神财富之一是教育改革。唐代开始出现的书院，是中国古代教育活动的中心。以后理学家在书院里较为自由地讲学，培养了许多人才，保持着一定的思想活力。清初以后，书院逐渐由私人民办为主转由政府控制，并被禁止进行政治性质的讲学和讨论，其教育职能主要是为科举考试作准备。科举制度作为九品中正制的否定，它曾经是一种具有历史合理性的东西，但经历了一千多年后，这种制度走向了它的反面，如在一首《烂时文》歌谣中所讲："读书人，最不济，烂时文，烂如泥。国家本为求才计，谁知道变作了欺人计。"康有为在长兴学舍身体力行地把旧式书院改变为新式学堂，主张对科举考试进行实质性的改革，即由经义试士和用八股体式改为考经世致用的策论。从 1896 年到1898 年两年中，教育改革之风席卷全国。最后体现在光绪上谕关于修改考试制度和在全国建立高等、中等、普通学校体系的措施中。由于西太后的政变，教育改革虽未臻预期的效果，他的教育改革思想未随维新事业失败而消逝，而是改头换面地融入了庚子以后的改革计划中。张之洞与刘坤一在"江楚三摺"中提出，中国之贫不在于物质财富，而是贫于缺乏人才。人才之贫，是由于见闻不广，学业不实。奏折中主张，应当像泰西学校一样，除了教学生于"道"之外，另授有用之学，使学生习知中外时务。中国必须改革教育制度，建议州县设小学校，府设中学校，省城设高等学校。儒家经典、中国历史，同以科学、技术、法律为核心的西学，皆需纳入课程。还有一些建议更易实行，如选派大批学生留学，翻译日本与西方国家的书籍以及设立农工学校。这同康有为的主张是一致的。清末新政所推行的，以建立新式学堂为目标的改革，与1905年科举制度的废除，其发轫是在1895~1898年间的维新时期。这不表明清末新政比维新运动更进步，只能说是时势、现实强有力地战胜了传统、惰性。中国教育史上这场空前改革，未完成于维新派之手，但康有为为此改革奠定了思想文化前提。

改革会碰到来自既得利益和传统文化的阻力。在康有为叱咤风云的那个时代，阻力来自某些握有实权的顽固不化的大人物中，支撑康有为的力量又是那么脆弱。一强一弱，优劣立见，不愿意变的人更多，力量更强。不变与变的矛盾空前激化，发展为一场流血的斗争。六君子被诛菜市口，光绪帝囚禁于瀛台，而康有为、梁启超在英、日等国的帮助下，保存了生命，开始了浪迹海外的漫长岁月。

第 5 章

浪迹海外誓保皇

维新变法失败，康有为在英、日的帮助下，死里逃生，开始了他流亡域外的漂泊生涯。康有为不忘光绪的宠幸之恩，把保皇视为头等大事。世纪之交的庚子年，革命浪潮势不可挡。只用保皇这一招数的康有为，遭到以章太炎为代表的资产阶级革命派的有力驳斥是时代的必然。以温和的改革为手段的维新派，已经历了巅峰期；康有为在政治风雨中，显现出来的鲜艳色彩正在消退和淡化。

九死一生吴淞口

1898 年 9 月 21 日，慈禧发动宫廷政变，宣布重新垂帘听政，下令通缉康氏兄弟。当天中午，步军统领崇礼率缇骑三百人包围南海会馆，康广仁当场被捕。从康广仁那里获悉康有为已出走，准备由津去沪。慈禧对康广仁口供似信非信。一面发布密旨，捏造康有为进毒药丸谋害光绪，命令烟台和上海地方当局急速逮捕康有为就地正法；一面又派新从德国购来时速达三十海里的飞鹰号，去追赶康有为乘坐的太古公司的重庆轮。飞鹰号的速度是完全追得上的，舰长刘冠雄在中途以油不够为由，开回天津，结果以办事不力被判监禁。事后刘冠雄对友人说："那次我是故意放走康南海的。当时，有识之士都赞成变法维新，反对守旧派，所以中外人士都想尽办法使他脱险。"当捕杀康有为的密电传到烟台时，凑巧登莱道李希杰因事离烟台到胶州，带走了电报密码。不知大祸将临的康有为，在重庆轮停靠烟台码头时，还登岸游览了一番，买了些苹果和彩色石子后才上船。

上海情况就不同了。上海道蔡钧接到密电后，作了周密的准备。他买了康有为的许多照片，分交缉捕人员，又照会英国驻上海代理总领事白利南，声称奉命捉拿要犯康有为，要求准许他派人搜查自天津开来的英国轮船。白利南答应派员自查，但拒绝中国派员登轮搜捕。事先得到李提摩太援救康有为电报的白利南，在征得英国政府同意后，于24日清晨派上海工部局职员濮兰德，乘驳船往吴淞口外截住重庆号。他手中持有康有为的照片，很快辨认出了康有为。康有为在与濮兰德的对话中知道政变已经发生，他产生了蹈海殉节的念头。濮兰德告诉他光绪生命尚无危险时，他打消了这一念头。康有为随驳轮上了英国轮船巴拉勒特号。随后在英国兵舰的特护下驶往香港。10月1日，康有为从日本驻香港领事上野季三郎那里得到消息，他可以得到日本政府的保护。

梁启超出逃，是在日本政府安排下进行的。9月21日，梁启超去访问谭嗣同，忽闻政变和搜捕南海会馆的消息，便于当日下午二时到日本驻华公使馆。驻华代理公使林权助劝梁启超取消以身殉国的打算，表示愿意助他出逃。梁启超和日本领事郑永昌打扮成猎人，由北京经天津后逃向塘沽，二人按指定的暗号，即摇白手帕，登上停泊在那里的日本军舰。后梁启超至东京谒日本总理大隈重信，方知营救一事系日本政府的命令。

为什么英、日政府要设法营救康、梁呢？从濮兰德的话中，可知同康有为"联英恶俄"的外交策略有关。康有为不仅主张联英，而且强调联日。日本和英国出于反对帝俄在中国扩张势力的政治需求，对力主联英、联日、拒俄的维新派领袖康有为，在戊戌政变后采取了保护和营救政策，以便日后为其所用。

康有为在香港住了二十天，在取得日本政府同意后，于10月19日偕弟子、从者六人，在宫崎寅藏的陪同下，乘日轮河内丸离港赴日，从此开始了他长达十六年的海外流亡生活。他怀着惨痛失败与苦闷的心情，踏上了日本的国土。

流寓日本频交往

日本政府的帮助，使康有为和梁启超顺利逃亡日本。这件事是由同文会的领袖近卫笃麿穿针引线的。近卫笃麿（1803~1904），日本京都人，早期留学德国和奥国。1896年任贵族院议长，日本教育会长。他的一贯主张是中日合作和联合，认为西方侵略中国的根源是种族性的，日本除了反对和援助中国外别无选择。由此他提出"日清同盟论"，以避免出现甲午战争后列强瓜分中国的危机。在政治避难中的康有为，受到了日本各界人士的照顾和殷勤接待。

避难之初，任内阁总理大臣的进步党领袖大隈重信和任文部省大臣的犬养毅，都对维新派优待有加，由日本政府供应康有为等人的起居与生活费用。康有为到日本才半个月，大隈内阁瓦解，其生活费用改由大隈重信的进步党供应。山县有朋组织新内阁后，对康有为比较冷淡。好在许多日本政治家和学者、教授，都把他看作有见识的改革家、学者和杰出的诗人。康有为流寓日本期间，和日本政界、文化界人士广交朋友，讨论学术，诗歌酬唱，是中日文化交流史上的一段佳话，尤其与前文部大臣犬养毅、前内务大臣品川弥二郎的关系较为密切。犬养毅为日本进步党的首领之一，是力主中日亲善政策的政界人物。1890年当选为众议院议员，1898年大隈重信组阁时任文相。康有为与犬养毅交游时间最长而感情也最深厚。他到日本之后，就将一直秘不示人的《大同书》手稿二十余篇，给犬养毅看过。品川弥二郎（1843～1900），是日本明治维新先驱者吉田松阴的学生，曾任日本驻德公使。出于对吉田松阴的仰慕，康有为与品川弥二郎有许多共同语言，感情上非常接近。康有为早在万木草堂时期，就对吉田松阴非常推崇。吉田松阴（1830～1859）是明治维新运动的先驱者，全力从事反幕府的活动。他把王阳明的知行合一说，向知而必行，行而不息，以身殉行的精神发展而去，有振奋人的志气的作用。康有为是批判程朱理学而倾向陆王心学的，于阳明心学更为倾慕。在东京遇到日本阳明学大家吉田松阴的高足品川弥二郎，有相见恨晚之感。品川弥二郎称康有为为"中国之松阴"，送给他《松阴遗墨》，这是吉田松阴生前用汉字写的一幅书联。康有为赠诗给品川弥二郎，用感情真挚的诗句，歌颂吉田松阴在推动维新大业中的勋劳。

康有为流寓日本并得到庇护，清廷十分恼火，多次向日本政府提出，反对康有为居留日本从事政治活动。1899年，近卫笃磨到中国访问，张之洞就日本让康、梁避难以及他们的著作对中国留日学生可能产生危害性表示抗议。近卫不同意这个抗议，但也感到康有为声名太大，在日滞留有碍与清廷关系的正常化。近卫集团作出了康有为不宜长留日本的决定，便筹集了九千元经费，供康有为前往加拿大的温哥华，由日本外务省劝令康有为悄悄离境。康有为便想往欧美寻求帮助，所以写信促请容闳速来东京，一同前往美洲。

忠君爱国保皇会

1899年4月16日，康有为偕容闳等人抵达温哥华，受当地华侨的热烈欢迎。7月20日，联合华侨李福基、冯秀石等人集议创立保皇会，其全称为保救大清光绪皇帝会，亦称中国维新会，又叫保救大清皇帝公司。其宗旨为："今同志专以救皇上，以变法救中国黄种为主。"对参加者的规定是很宽泛的，只要有忠君爱国救种之心的中国人，都能参加。保皇会条例规定，会员捐款之用途是宣传、通信与办报，愿意集资的则用参股的方式，以钱换给股票，均分利息。一旦勤王事成，捐款者按其出力的情况，可以为尚书、侍郎、总督、巡抚等，一切均由康有为指名题请。凡救驾有功者，布衣可至将相。保皇会是一个比较奇特的组织，它将保种、保国、保工商、保皇上融为一体，有封建报恩性质的特征，又有资本主义股份制的色彩。这是在特殊历史条件下形成的。在康有为看来，中国处于亡国灭种的边缘，其罪魁祸首是慈禧太后及荣禄；中国复兴的唯一救星，就是变法爱民之圣主的光绪。把国家的兴亡，民众的安危，系于一位囚禁中的皇帝有复位的可能性上，从理论上说是传统的帝王心术决定论。康有为的保皇活动具有明显的报恩色彩，这可从衣带诏与拒绝和革命派的合作得到证实。

在《保救大清皇帝公司序例》的最后，康有为附录了光绪帝的两个密诏。一是光绪觉得帝位难保时，谕康有为、杨锐、林旭、谭嗣同、刘光第五人，由杨锐带出。时在 1898 年 9 月 13 日，前已讲到。一是同年 9 月 18 日，谕康有为一人，由林旭带出，命康有为至上海督办官报。光绪在诏书中说，这有不得已之苦衷。诏书令康有为迅速出外向洋人求救，不可延迟。这是史学界所说的衣带诏，也是康有为在重庆轮上给濮兰德看的密诏。在这之前，9 月 17 日，光绪帝还公开发了一道谕旨，让康有为出京去上海督办官报，其用意是减轻顽固派的嫉恨，以图缓和局面。康有为由此得以早日离京，为躲过清廷的追捕争得了时间。他事后觉得，他的命是光绪赐予的。这是康有为在 20 世纪最初十年中，不遗余力从事保皇运动的重要原因之一。

忠君与报恩，洋溢于康有为言行中。他作《诵救圣主歌》"我皇上之仁圣，舍身变法以救民，冠千古而耸万国"，声称"皇上不复位，中国必亡"，"皇上之复位，大地莫强"。其间有对新政的怀念，但反复渲染的是对光绪的歌颂，及他对皇帝的报恩的心情。在几百万海外华侨心目中，康有为是为变革中国现实使之走向富强的功臣。他们都抱有与飞鹰号舰长刘冠雄同样的想法，要竭尽全力帮助康有为。众多华侨为了祖国的强盛，纷纷踊跃输捐，连孙中山的哥哥孙眉也从兴中会走进了保皇会的行列里。

康有为派遣门人徐勤、欧榘甲、梁启超等人分赴南北美洲、澳大利亚有华侨的二百多个城市进行活动，使保皇会组织遍及加拿大各地与南、北美洲与中美洲等地，共建立总会十一个，支会一百零三个，会员多达百万余人。保皇会总局设于香港、澳门，并以澳门《知新报》和横滨《清仪报》为宣传机关。康有为任总会长，梁启超、徐勤任副总会长。

不可否认，保皇会是在海外华侨中起过重大影响的爱国团体。以忠君爱国相号召，以保救光绪为宗旨的保皇会，在资产阶级革命派声势尚未壮大的20世纪的最初几年中，是有一定群众基础的。慈禧太后为首的守旧派，将主持变法的光绪帝囚禁瀛台，连自己制定的《大清律例》也不遵守，不加审理就把戊戌六君子押赴刑场斩首，这激起了海外爱国华侨的激愤。广大爱国华侨，总是把皇帝看作国家的象征，而流亡海外的康有为，携有光绪给他的密诏，更具有煽动性与鼓动力。1903年，梁启超应美洲保皇会之邀，游历美洲。在旧金山，"其地华人有二万七八千之多，保皇会成立最早，注籍会员者约万人。先生到会时，会员以军乐欢迎，盛况过于纽约"。以忠君救主为任务的保皇会能蓬勃发展，得力于海外华侨的拳拳赤子之心，而这种情感又同康有为报效君恩的观念所激发出来的活动能量，巧妙地结合在一起了。

如果说，忠君报恩与海外华侨尚无利益冲突，那么，同资产阶级革命派推翻清廷的目标却有根本不一致之处。拒绝与革命派合作的康有为，终于成为革命派的批判对象。

一意孤行拒革命

以孙中山为首的资产阶级革命派，同康有为的交往可上溯到19世纪90年代初。1892年至1894年，孙中山在广州圣教书楼悬牌行医,与康有为的万木草堂相距较近。康有为常在圣教书楼购书,孙中山知道康有为是个学习西方文化的有心人,便想与他结交。康有为通过中间人回答说,如孙中山想见他,就应当呈上门生帖子。孙中山认为"康妄自尊大,卒不往见"。尽管如此,孙中山在成立农学会时,"尝请康及其徒陈千秋等加入,陈颇有意,以格于师命而止"。1895年秋天,孙中山发动的广州起义失败。在此前后,康有为发动了"公车上书",声名四扬。"迨戊戌夏秋间,清帝光绪锐行新政,康有为骤获显要,以帝师自居,徐勤等皆弹冠相庆,虑为革命党株连,有碍仕版,遂渐与总理少白疏远,而两党门户之见,从此日深。"青云直上的势头,使康有为对孙中山在广州所揭开的暴力推翻清廷的序幕漠不关心了。

1897年冬,两派合作出现了新的转机,由于横滨没有可供华侨子弟上学的中学,在侨商邝汝磐、冯镜如等人支持下,赞同陈少白开办一所新式学校的计划。孙中山以兴中会中难觅合适的教员,与陈少白商量,推荐梁启超充任并代定该校名为"中西学校"。邝汝磐派专人持陈少白介绍信赴上海见到了康有为和梁启超。康以梁主持《时务报》笔政为由,推荐徐勤当此重任,弟子林奎、陈汝成等任教师。康有为坚持要把中西学校改为大同学校,以符合他对儒家的偏爱。

康有为成了流亡政客后,孙中山珍惜以往与维新派的友谊,认为应该联手合作。犬养毅从中做和事佬,约定在早稻田寓所进行会谈,但康有为自视甚高,派梁启超为代表,孙中山、陈少白、梁启超三人各抒己见,终因康有为未到,谈不出结果来。过了数天,孙中山派陈少白造访康有为,痛陈不推翻清廷就救不了中国,希望康有为改弦易辙。但康有为以忠君报恩之由拒绝了："今上圣明，必有复辟之一日。余受恩深重，无论如何不能忘记，惟有鞠躬尽瘁，力谋起兵勤王，脱其禁锢瀛台之厄，其他非余所知，只知冬裘夏葛而已。"维新派与革命派的合作终未成功，康有为忠君报恩心态是阻碍合作的根子之一。

1900 年，是近代中国社会变迁中的关键性一年。这一年三种不同的政治力量，次第发难于南北之间。5 月始，绵延已久的反洋教潮流，在义和团旗帜下，转向武装"灭洋"。轰然奋起于民族矛盾激化中的义和团运动是自发的，但表现的是本土文化对外来文化的抗争。10 月间，资产阶级革命派在珠江流域策动了惠州起义，因外援难期，粮械失继而溃败于清军。最值得品味的是唐才常在 7、8 月间策动的自立军起义。唐才常的见解与谭嗣同基本一致，时人称唐、谭为"浏阳二杰"，同为维新派中具有暴力革命倾向的激进分子。唐才常既与孙中山、毕永年取得联系与帮助，又同康有为、梁启超等保持联络。他极力说服康有为与孙中山联合，但因康有为无采纳之意而未成。他和林圭等人从日本归国后，于 1900 年在上海成立正气会。宣言书中既有立论于"低首腥膻，自甘奴隶"的反满论，又有"君臣之义，如何能废"的皇权论。康有为期望唐才常用武力造成南方独立的局面，与动乱中的北方对峙。自立军起义的"勤王"口号，是在康有为影响下提出的，而唐才常运动会党首领的钱财，主要是靠康有为的汇款接济。唐才常以一个书生而指挥近万乌合之众，复窘于饷需的一再延期，遂因事机泄露而为清军所掩捕。

武装"灭洋"、武装"勤王"、武装革命，在庚子年间相差无几地采取了暴力的方式。暴力是社会政治集团为了取得或保持自身的地位，而对其他社会政治集团所施加的强制力量，其最高形式是武装对抗。当不同社会集团共同使用这一手段时，它表明了这一社会已陷入了岌岌可危的境地，也是渐进的改革手段失去它号召力的时候。自立军慷慨一击，显示了维新派在戊戌喋血后的东山再起，然已难以牵动全局。孙中山组织的惠州起义，代表了当时变革中国社会的先进力量，但这种力量还没有突破历史的临界点。不过，大势的转移已悄悄地成为定向，那就是推翻清廷的武装革命，是今后变革中国社会的主导性手段。自立军的参加者在哀悼了自己的领袖和同伴后，大多成了坚定的革命派。如自立军的重要人物秦力山，跑到东京找康有为算账，尔后投身于孙中山。其他如禹之谟、杨笃生、沈荩、龚超、孙武等等，先后成为革命派的重要骨干。然而康有为却一意孤行，固执己见，抱住忠君报恩之心不变。

戊戌政变之后，许多跟随康有为的青年志士纷纷流亡日本。从前人的鲜血中，梁启超等人看到了一线微曦，即谋革命以推翻清廷："自居东以来，广搜日本书而读之。若行山阴道上，应接不暇。脑质为之改易，思想言论，与前者若出两人。"梁启超的变化，感染了其他的康门弟子。康有为离日赴加拿大之行，使这些思想活跃的莘莘学子的行动更为自由。1899年夏秋间，梁启超与孙中山往还日密，赞成革命。康门弟子韩文举、欧榘甲、张智若、梁子刚等人，主张尤为激烈。梁启超与孙中山每星期必有两三天相约聚谈，主张革命排满，言辞非常激烈。1899年夏秋间，梁启超同韩文举、欧榘甲、罗普、罗伯雅、张智若、李敬通、陈信笙、梁子刚、林圭、谭柏生、黄为之、唐才常上书康有为，说"吾师年事已高，大可息影林泉，自娱晚景"，极力主张革命，认为光绪在"将来革命成功之日，倘民心爱戴，亦可举为总统"。这封《上南海先生书》发表后，各地康有为的追随者为之哗然，"指此十三人为逆徒，呼之曰十三太保"。康有为闻知后，怒不可遏，派叶觉迈携款赴日，勒令梁启超即往檀香山办理保皇会事务，不许稽延。自立军起义失败后，康有为令梁启超在香港见面。康有为批评梁启超等人倾向革命，便是忘了光绪救命之恩。百日维新时，顽固派要我们的头颅。湖南举人曾廉上书，弹劾我们反满，大逆不道，应处以极刑。若非光绪皇帝全力护持，早被杀死。以往你颂扬皇恩，现在却要革他的命，真是忘恩负义。梁启超慌忙下跪，俯首认罪。康有为表示，从此别号"更生"以示光绪救命之恩。

此后凡保皇党内部出现的革命倾向，康有为必反对之。欧榘甲在报刊上连续发表二十七篇系列文章，后由新民丛报社辑成《新广东》一书出版，排满情绪盈篇溢纸，要求广东独立脱离清廷控制，建立美国式联邦政府。1902年，梁启超提出"革也者，天演界中不可逃避之公例""为今日救中国独一无二之法门"的主张。同年致康有为的信中说，康门弟子倾向革命，"实则受先生救国救民之教，浸之已久，而迫于今日时势。实不得不然也"。革命如一股无法逆转的浪潮，奔腾向前。然康有为犹力图阻拦，以书札的形式，想再度把梁启超、欧榘甲等人拉入保皇的轨道。他说，最近得到梁启超的"决言革命"的信，使我"头痛大作"；又得欧榘甲相同内容的信，使我"头痛不可言"。你们讲开议院，君主立宪都可以，但是受了皇帝衣带诏的人，怎么能"背义言革"呢？"何必言革"，表明康有为逆历史潮流而动的立场，即不能以光绪帝作为革命的对象。这一主张，在《论中国只可行立宪不可行革命书》中有系统的论证。此书发表后，章太炎写了《驳康有为论革命书》严加驳斥。保皇与革命，泾渭分明，是两条不同的道路。两书所反映的是保皇派和革命派的不同立场和观点。

保皇革命分两途

自 1902 年起，梁启超公开声言，与其师意见有不同的见解："持论既屡与其师不合，康、梁学派遂分。"这年春夏间，保皇会中很多人因痛恨清廷没有变法的诚意，纷纷主张"自立""革命"，梁启超是提倡最力的一位。即使像韩文举这样康门弟子中年龄最长者，也发表文章，以示"恶满洲之心"。康南海听到这些言论，大不以为然，专门写了两封信讨论"自立"与"革命"之事。两信由门生编印成《南海先生最近政见书》，大量翻印到处散发，在海内外影响很大，成为阻碍革命思潮发展的绊脚石。两篇文章的观点是：中国目前情况只可立宪不可实行革命；君主立宪的实行可使中国强盛，革命排满必然导致亡国灭种。最具有代表性的是《论中国只可行立宪不可行革命书》。康有为的观点主要为三个方面。

第一，重申公羊"三世"说，强调社会变革只能依照渐进的模式，任何超越循序而行的举动，必定导致大乱。他坚持据乱世（君主专制），升平世（君主立宪），太平世（民主共和）为三种不同政治制度的"三世"说，认为由小康而大同，由君主而民主，无超越之理。如同高三丈的平台，人们想不借助梯子而直接上去，必定要掉下来一样。人类社会的变易也是如此，未至其时，实难躐等。说来说去，不外乎是人类社会的变革，只能缓慢地进化，不能有突变和飞跃，即不容许有革命。其实质是否认推翻专制主义的资产阶级民主革命。

梁启超指出，康有为的"《春秋》三世"说，"义取渐进，更无冲突"。康有为公羊"三世"说，是只承认量变，不承认质变的庸俗进化论。康有为的进化思想是包含有辩证法因素的，他肯定事物是不断运动、变易、向前发展的，由一类向另一类转化。这是康有为批判祖宗成法，进行维新变法的依据，是他成为19世纪末叱咤风云的伟人之由。然而他的整个哲学体系是以妥协调和为根本精神的，否认革命的，认为"不宜于一国之内，示有异同"，应该是"君民合治，满汉不分"。这是要求统治阶级与被统治阶级、压迫民族与被压迫民族的调和，从而否认暴力革命。无论在自然界还是社会界，量变达到一定程度，是会产生质变的。如火山爆发、海啸、地震等等，是自然界飞跃的表现。在人类社会中，暴力革命也是常见的。庚子年次第发生的暴力抗洋、勤王、倒清的事件，表明中国社会的变革，已到了一个新的飞跃阶段，不采取质变无以使中国社会前进了。要不要推翻清朝政府，要不要建立共和政体，在这两个问题上，革命代表了正确的方向与时代的趋势，公羊"三世"说不合时宜。

第二，革命成功，将导致"内乱相残""外人得利"局面的出现，所以"革命非一国之吉祥善事"。中国古代的农民起义，如黄巢、李自成等起义，只使用刀枪等简陋武器，已造成流血成河的惨绝人寰的局面，更何况今天的枪炮，杀伤力远比古代刀矛为甚。一旦革命爆发，"足使四万万之同胞，死其半也"。从世界范围看，法国资产阶级大革命的结果也不好。先是"革命一倡，乱八十年"，尔后是变相专制事情的出现。在康有为看来，以暴力为主要手段的社会革命，是万恶之源。"恩人不幸在祸，被缚于贼乃不能救之，而反戈攻之，曰革命，曰排满，是以怨报德以仇报恩也。""恩人"指光绪，"贼"指西太后与荣禄等顽固派。"恩人"为民变法而丢掉帝位，现在要推翻帝制，就是"以仇报恩"。"革命非吉祥之善事"，这种善恶观，是康有为个人的人际关系及实际利益的体现。康有为以一己之善恶，去规范革命派的价值判断，是主观的、狭隘的、保守的。

第三，他把西太后、荣禄和光绪作了区分，以为这是圣明与昏庸，救民舍身与虐民卖国的不同。割台湾、租胶州与旅大、赔款加税等卖国勾当，虐杀维新人士，既没有光绪的份儿，有的更是光绪打心眼里反对的。光绪心怀救民之心，至仁如天，为欧洲各国所未有，中国数千年所未闻。旷古未有，大公无私，把帝位看作是随时可以脱掉的鞋子，对如此千载难逢的"至仁"的有道明君，怎可革他的命呢？"仁"是康有为博爱哲学的主要范畴，强调"仁"就是爱人，是一种人人天生的爱力，人人交相亲爱，为人类之公理。康有为以为，光绪就是行博爱哲学的楷模，"真心至仁如天"。光绪一旦复辟成功，维新、立宪、民权、自由的实现，易如反掌。他希望大家耐心等待，只要形势有变，局面就会出现转变，又何必冒杀头之险去干革命呢？一句话，保皇最稳妥、可靠，保皇最实惠、无险。

不批驳康有为的上述观点，就难以打破民众对帝王崇拜的传统观念，也无法从观念上形成革命的意识。驳斥康有为的谬见，成了革命派的首要任务。章太炎凭其革命激情与渊博学识，拍案而起。据当时《申报》记载，章太炎在1903年2月在上海见康有为《论中国只可行立宪不可行革命书》后，便写了封长信，托人带至香港转寄新加坡交康有为，但未得回信。于是便公开这封长信，即《驳康有为论革命书》。章太炎的主张概括地说，有两个方面：

第一，"革命开民智"，是章太炎的宗旨所在。针对康有为"公理未明，旧俗俱在之民，不可革命而独可立宪"的说法，章太炎提出革命是明公理、去旧俗的良药，是启迪民众智慧的钥匙。章太炎说："人心之智慧，自竞争而后发生，今日之民智，不必恃他事以开之，而恃革命以开之。"人类智慧的产生，是从竞争中形成的，开发"民智"最好的办法是进行社会革命。章太炎举了许多例子来反驳康有为。如李自成不是生来就有革命观念的，只是随着起义事业的进展，"革命之念起，而剿兵、救民、赈饥、济困之事兴"。又如唐才常的自立军起义，由于轻信英国人，为其所出卖，遂告失败。章太炎由此得出一个结论，那就是"人心进化，孟进不已"，是由于"经一竞争，必有胜于前者"。每经过一次竞争，人的观念、思想都有所进步。"人心"指变革中国社会的政治认识。人的认识的发展，是依赖于社会实践的，这种实践，是活生生的政治斗争。"革命开民智"的学说，已包含有认识依赖于社会实践思想的萌芽。

相信人类社会总是不断地向前发展的，是中国近代进化论思想的基本立场。在这一立场上，维新派和革命派并无分歧，但在 20 世纪初，两派在如何向前发展上有歧义。康有为坚持循序渐进，不能通过革命躐等而进；章太炎强调进化是和革命相联系的，革命作为社会实现进化的重要手段，不只是荡涤旧社会的污泥浊水，而且是新的社会机体诞生的胚胎。"革命非天雄大黄之猛剂，而实补泻兼备之良药。"这就为推翻清朝政府的社会革命的合理性作了有力的论证。

第二，坚持民族主义立场，列举清朝统治者压迫汉族的种种罪恶，批驳满汉平等说。章太炎断言："今日固为民族主义之时代，而可混淆满、汉以同熏获于一器哉？"他的民族主义，有一定程度的大汉族主义倾向，但对当时清廷已沦为帝国主义镇压中国人民反抗侵略的工具来说，排满的口号是进步的。他的排满，是排斥皇室、官僚机构和军队，也包括为虎作伥的汉人上层官吏，而不是排斥一切满族人。熟悉历史的章太炎，对入主中原的清统治者的暴行，予以一一指出。屠杀人民无数，陷扬州城，十日杀戮，"欲尽汉种而屠戮之"；康熙、乾隆两帝，为尽个人之欢，"数次南巡，强勒极效，数若恒沙"；又屡兴文字狱，如庄廷鑨明史狱、查嗣庭试题狱、汪景琪《西征随笔》狱，"务以摧折汉人，使之噤不发语"。戊戌政变，捕杀革命志士，你康有为也身受其害。至于康有为所言，满汉平等的说法，也是站不住脚的。高官勋爵为满人世袭，"军机首领，必在宗藩"；镇压了太平天国，挽救了整个大清王朝而被称为"中兴名臣"的曾国藩，"爵不过通侯"；而镇压了台湾林文爽起义的福康安，却有"贝子郡王之赏"。即令有些汉族官位甚高，如李鸿章、翁同龢等人，还得仰承恭亲王、醇亲王的面色，"乃适见此为奴隶而彼为主人也"。怎能凭空说满汉不分而平等呢？

章太炎与康有为的对立，是革命派与维新派对立的象征。对康有为美化光绪形象之举，章太炎指出，光绪只是"未辨菽麦"的"小丑"，他当初赞成变法，不过是"交通外人得其欢心""保权位"，如果"一旦复辟，必将中国引向灭亡"。这引起清廷的恐慌，章太炎因此被送进班房。显现在文字辩难后面的结果，是孙中山在1903年12月的《敬告同乡书》中公开宣布的："革命、保皇二事决分两途，如黑白之不能混淆，如东西之不能移位。"维新派与革命派，同时以救亡图存作为自己出世后的第一声呐喊，爱国是二者共同的历史起点，反封建是二者的奋斗目标。他们的理论武器都来自进化论、三权分立说与资产阶级的自由、平等、博爱，他们都把中国的出路寄托于实现资本主义。以保皇为己任的康有为，在20世纪初的头几年中也没有偏离这个大轨道。然而对西方上述学说的理解和运用，康有为得之为渐进量变，为君主立宪；章太炎得之为跃进质变，为民主共和。正是这种异向的趋势，使二者在反封建目标上显示出差距。君主立宪制和民主共和制，只是两种模式的政体，其间不无差别，但均属资产阶级国家性质的政体。然而对两千年来君主高于一切的专制统治而言，不把皇帝拉下马，就意味着对封建政治势力的妥协与保留；不废除君主专制，就无法实现中国社会的进一步变革。康有为的保皇主张，是保守又不适合时宜的见解。不批判这种见解，反封建的事业就要受到挫折。

第 6 章

尽善尽美大同世

从戊戌政变后到 1902 年，是康有为思想发生变化的关键时期。在这个时期里，他的思想还保留有一些富有生命力的东西，但从整体上说，保守因素日益突出。时代伟人的光彩渐渐黯淡，但他身上仍有可以咀嚼的内容，那就是在这一期间写成的《大同书》。书中构筑了一幅理想社会的蓝图，即尽善尽美的大同之世，其中有古代儒家理想社会设计的痕迹，又融取了达尔文的进化论与资产阶级天赋人权论，以及空想社会主义的内容。这部近代思想文化史的重要著作，否定了封建专制国家制度与封建宗法制、封建等级制，既有鲜明的反封建意义，又有浓郁的乌托邦色彩。

社会主义之空想

先把康有为的行踪说一下。他在加拿大组建保皇会后，到过英国伦敦和日本横滨，旋赴香港探母病。1899 年 10 月 20 日，清政府悬破格之赏严拿康有为与梁启超。1900 年 2 月 1

日，康有为由香港抵达新加坡，正式接受英国保护。8 月 9 日，英国新加坡总督邀康有为往槟榔屿，入居总督府大庇阁。1901 年 12 月 7 日乘船离开槟榔屿赴印度，在印度各地漫游，参观文物古迹。在新加坡与槟榔屿两地流亡隐居期间，他著成了《中庸注》《春秋笔削大义微言考》。1902 年 1 月 20 日，定居印度北部山城大青岭，潜心著述，最终撰成《大同书》，著《论语注》《大学注》《孟子微》《礼运注》等。

《大同书》的成书是经历了较长时间的。《大同书》起稿之初，是在 1884 年，为康有为作《人类公理》之时。他在广州、桂林等地讲学中，向学生口授过大同之学，但原稿秘不示人。至 1898 年 9 月，有稿本二十余篇，在东京向日本友人犬养毅出示过。此后稿本随康有为周游列国，1901～1902 年，在印度著成全书。康有为的大同思想，早在戊戌变法前已基本形成。戊戌政变后，在周游世界的过程中，目睹西方资本主义社会的危机，接触到 19 世纪的空想社会主义，而对原先构思作了若干修改和补充，最后完成全稿。《大同书》共三十卷，约二十万字，分十部，是康有为融贯古今中西各种学说后又加以创造性发挥的产物。

"大同"这一概念，作为理想社会而著称于世，是因秦汉之际的《礼记》一书中的《礼运》篇所作的出色描绘。近代中国借《礼运》篇中大同思想资料作发挥的有洪秀全、谭嗣同、康有为等人。不过由此发展为专著的，只有康有为的《大同书》。《礼运》篇作者认为，社会的发展是由"大同"走向"小康"的。"大同"是"天下为公"，"小康"是"天下为家"。"大同"指的是没有产生阶级的原始社会，"小康"则是有了阶级以后的情况。大同社会有四个特征：1. 财产公有，公有制是社会的基础。2. 各尽其力，为集体而劳动。3. 无私有观念，团结友爱，诚实无欺，风俗淳美。"天下为公"，每个人都是没有私心的。4. 实行民主制。"选贤与能"，表示贤才与能者是推选出来的。

《礼运》篇作者把"大同"说成是"大道既行"的时代。大同社会是以对现实黑暗的否定而出现的，故大同思想常常成为古代进步思想家批判黑暗现实，描绘理想社会蓝图的依据。当中西文化碰撞时，接触西学的思想家找到中西文化沟通的契合点，往往是《礼运》篇中的大同说，并以此作为构筑新的社会理想的前提。康有为明言："读至《礼运》，乃浩然而叹曰：'孔子三世之变，大道之真，在是矣；大同小康之道，发之明而别之精，古今进化之故，神圣悯世之深，在是矣'。"他以为，自汉唐至明清，皆是小康之世。应当依据进化论的道理，讲清中国由小康至大同的依据，描绘出未来"大同之世"的蓝图。作《大同书》的最初契机，是康有为接触《礼运》篇中大同思想后产生的。

"大同之世"是怎样一个社会呢？这是带有空想色彩的社会主义。这幅尽善尽美的蓝图的基本色调是强调一个"公"字，财产是公有的，私有制是被摒弃的。《礼运》篇中的"天下为公"，是康有为"大同之世"的宗旨，同时注入了资本主义物质文明的成果。社会主义公有制是这个社会的基本原则。康有为提出了废除私有财产，实行财产公有的主张："今欲致大同，必去人之私产而后可。凡农工商之业，必归之公。"土地是公有的，禁止私人之间的买卖。大同世界的公政府设农局，总管天下农田。凡在农局的农业学校习农之人，待学业有成，考试及格，由农局授予一定数量的土地从事耕作。其耕田之多寡，依据当时新机器的情况来定。工业生产资料由工部总管，依据地形、交通、市场的条件，开办各类工厂。工人、技术人员与管理人员，皆由各类工业学校训练，待其业成后，发给各种技术称号。工资则按其勤惰、好坏情况，分为数十级而与之。商业则实行"公商"，"大同之世之业，不得有私产之商，举全地之商业皆归公政府商部统之"。商部于各地设立商局和各种类型商店，按人们所需实行送货上门的服务。顾客可事先通过书信或传电的方式，告诉所需商品的数量、规格及需用的时间。男女皆可为商，但必须从商业学校毕业才行。

与财产公有制相适应，"大同之世"实行计划经济与按劳分配的原则。农部、工部与商部，按人口需要和各地物产，制订相应的计划进行生产、运输和消费。"大同之世"实行工资制。人人工作，靠工资生活，自农夫、渔、牧、矿工，各自按照他们才能的高下，阅历的浅深，确定薪资的厚薄，共分十级。其中的优秀者，可提拔为各级管理机构的人员。即使领取最低等级工资的人，亦可丰衣足食。懒惰成性不想工作或请假太多的人，必须开除公职。懒惰，是大同社会重要的禁忌。大同社会在生产和分配方面的原则，是属于社会主义性质的。

"大同之世"是一个具有高度物质文明的社会，人们的劳动不再是谋生的苦差事。"举国凡士、农、商、邮政、电线、铁路，无非工而已。"这是因为大同社会一切生产劳动全部采用机器，都得由工人进行操作。由于新机器的发明层出不穷，劳动效率日益提高。从事农、工、商各项工作的人们，因百举皆有机器，工作时不会弄脏手足，没有顶风冒雨的辛苦。劳动"等于逸士之灌花，英雄之种菜，隐者之渔钓，豪杰之弋猎而已"。这是资本主义大生产的理想化，是同他游欧、美各国所见到的高度发达的现代化生产情况有关联的。大同社会中，机械化、电气化、自动化程度极高，铁道横织于地面，气球飞舞于天空，轮船航行若穿梭。康有为还设想出一种活动房屋，用电作为动力，可依据道路上的轨道活动。由于"屋可游行则唯意所适"，或就海滨，或驶湖边，或就山中而听瀑，或就林野而休闲，享山林湖海之佳景。机械化、自动化被康有为引入了服务性行业之中："大同之世无奴仆，一切皆以机器代之，以机器为鸟兽之形而传递饮食之器。"如此超前的设想，大大地走在了同时代人们的前列；如此天才的预测，或多或少在21世纪的现实生活中有了若干影子。在这里，不能不对康有为的超时代的猜测，发出由衷的感叹！

大同世界又是一个精神文明高度发展的社会。在这个社会里，教育是推动社会前进的动力，而民智的开拓是社会的主要任务之一。太平世以开民智为主，最重视学校。自幼儿园至小学、中学、大学，人人皆能自小学习，一直可以学到20岁。除智育外，德育、体育同样是教育的重要内容。培养德、智、体全面发展的人才，始终是康有为一以贯之的主张。为适应社会分工日益专门化的需要，康有为认为，在大同社会里，无一业不设专门，无一人不有专学，人人都要受良好的专业训练。所以，在"德教、智教、体教之外，以实用教为最重要，故大学专科行之"。人人都有高度的文化教养，而且道德品质高尚，"人性既善，才明过人，惟相与鼓舞踊跃于仁智之事"。高度发达的教育事业和德、智、体全面发展兼有各行专长的人才，是构成一个美妙而令人神往的社会蓝图。这是康有为早年教育实践的理论升华。

人的现代化，是任何一个社会现代化过程中的能动力量。

这种力量来自人的素质的提高，满足这种提高的先决条件，是德、智、体全面发展人才的培养。康有为没有提出现代化的概念，但涉及了理想社会的实现与人的素质之间的相互关系，这一见解是富有启迪性的。这对正在迈向小康社会的中国，通过教育培养全面发展的人才，以促进现代化的实现，是有继承和借鉴意义的。

去苦求乐是人道

人道主义，是贯穿《大同书》的另一宗旨。大同世界是合乎人的本性的，"去苦求乐"是人的本性所在："虽人之性有不同乎，而可断断言之曰：人道无求苦去乐者也。"康有为以为，人的本性是充满了情欲的。吃鲜美的食物，住高雅的宫室，穿华贵的衣服，看美丽的女子，闻异香的气味，听悦耳的音乐，是人的乐趣所在。从资产阶级自然人性论出发，他觉得人与外物接触时，满足人们欲求的才是快乐的，不适合人们欲求的就是苦。人的一生是苦乐相间的，不能讲尽是苦，也不能说全是乐。去苦求乐的人道主义，未免有些过于理想化了。

此一理想化了的人生观，是有享乐主义特征的。享乐主义以为快乐是人生的最大幸福所在，侧重于感官或肉体上的享受与满足。中国文化史上除《列子·杨朱》的作者倡导享乐主义外，多数学者对欲望均持节制或压抑的态度。古希腊思想家伊壁鸠鲁宣称，快乐是天生的最高的善，人的行为的取舍应从快乐出发。文艺复兴时代的人文主义者，把追求尘世快乐视为完全合法的行为，以对抗基督的神学禁欲主义。康有为认定乐即是善，是评判社会制度和道德规范的标准，据此他抨击了封建专制制度的罪恶以及等级制度对人所带来的苦难。他强调，无论是制定法律还是创立宗教，令人有乐而无苦，是善中之善；令人乐多苦少，是为善而未尽善；令人苦多乐少，是为不善。善恶是一种价值判断而非事实判断，以有乐而无苦为尽善尽美的标准，不难窥见康有为的人生哲学中有伊壁鸠鲁式的快乐主义的痕迹。伊壁鸠鲁没有走向纵欲，康有为则走向了纵欲主义，在衣食住行各个方面，他均以精致、高雅、美丽、悦耳为目标，认为这是人生乐趣所在，都应设法使其满足。在大同之世，对人的欲望实现的种种限制必须去掉，性欲也得听任放纵："故大同之世，交合之事，人人各适其欲而给其求，荡然无名、无分、无界、无限，唯两情之所属。"封建专制制度实为人间苦难之根源："入专制国而见其民枯槁屈束，绝无生气者是也。"而阶级之存在同样也为苦难的动因："人道所以极苦，人治所以难成，皆阶级为之也。"康有为以为，大同社会是无阶级、无等级、人人平等的社会："当太平之世，既无帝王、君长，又无官爵、科第，人皆平等，亦不以爵位为荣，所奖励者惟智与仁而已。"换句话说，想做帝王或帝王存在的现实，均是对平等这一公理的背叛。

康有为指出，现实世界由于存在着专制、阶级的社会因素，是一个无处不苦、无人不苦的大苦海。内中有人生之苦、天灾之苦、人道之苦、人治之苦、人情之苦等三十八种苦难。这里有佛教人生是苦海的影子。佛教所说的人生之苦，包括三个方面：一是人生的自然过程中的苦，如人的生老病死；二是主观欲求得不到满足引起的苦，如与亲爱的人别离；三是精神和物质方面的苦，指由于色、受、想、行、识等引起的苦。人生既是苦海，唯有皈依佛教，抛弃现实人生，才能从痛苦中解救出来。佛教重出世，以超脱生死苦海，达到圆满寂静的涅槃境界。"人道之苦无量数不可思议，因时因地苦恼变矣，不可穷纪之。"康有为研习佛学是在 1879 年，他的思想受佛学影响颇深，但无弃儒从佛之信念。他强调人生之苦难，预言未来极乐之乌托邦，是受佛学启迪之故，但不被佛教所框住，而是有所取舍。他主张消灭家庭，不希望人人都出家做独身的僧侣；他不把苦难之源归于人欲，而归之于错误的社会制度。他易出世为入世，提出去掉造成人类苦难的九界以臻于极乐境界，他注重的是对现实世界的改造。

九界是指国界、级界、种界、形界、家界、产界、乱界、类界、苦界。人类要达到"浩然自在，悠然至乐，太平大同，长生永觉"的境界，唯有遵循他的"救苦之道"，"即在破除九界"。

去国界，指去掉邦国的称号与疆域。无君主、无军队、无监狱，全球大地只有民主选举出来的公政府。去级界，取消贵贱、主奴之间的等级隶属关系，使人人平等。去种界，不分民族之高下，泯灭人种的优劣差别。去形界，保障女子独立自主之权，实现男女平等。去家界，使人摆脱家庭束缚恢复天所赋予的独立之权。去产界，废除产业私有，实现公有制。去乱界，以地球经纬分百度，于每一度设立一个自治政权，全球设立一个公政府，无国土之分，种族之异。去类界，去除生物种类之间的对立，保护鸟兽而皆仁爱之。去苦界，高度发展生产，使人人享尽物质生活与精神生活之快乐。"去某界"的前提，是对现存世界秩序的否定。"去某界"的归宿，为对未来世界的理想设计。如"全球大同"是去国界的归宿，其前提为君主专制必尽扫除，视现存封建专制主义为造成人们苦难的根源。去九界，是具有反封建的意义的，洋溢着"去苦求乐"的人道主义精神。

人道主义不能实现，康有为以为是由于人们不能相爱之故："然则人绝其不忍之爱质乎，人道将灭绝矣。"如独夫民贼统治的国家，杀人盈城，流血塞河；老人无衣无被，备受寒冷之苦；夫死不嫁之观念，使寡妇思夫、孤子穷饿等等。人类有各种苦楚，是没有把人人就有的"不忍之爱质"发扬光大。去苦求乐的人道主义的基础，就要把"爱质"扩展开去。人与人所以合群，世界所以能太平，都是人人把他们的爱质扩充光大的结果。于是社会就趋向大同，大众得其乐利，使人摆脱痛苦，达到至乐。

康有为以为，"爱质"是宇宙中万物之祖。人类要繁衍滋长，就一定要发扬光大仁爱之心。即使对牛、马、犬、猫之类生物，也应取佛教慈悲为怀的见解，做到戒杀。这是康有为博爱哲学的进一步发展。这种博爱哲学，是以中国古代的孔孟儒学为理论来源，糅入了西方的博爱原则与佛教的慈悲思想，表现出近代资产阶级重视人自身的积极思想倾向。

出现这种倾向，是同康有为把去苦求乐的人道视为社会历史进化的动力相关的。在他的心目中，凡是能令人乐益加乐、苦益少苦的，就是有进化意义的；反之，则为退化的。在19纪末20世纪初，在中国最具号召力的学说是达尔文主义。早年读过严复《天演论》，并以"眼中未见此等人"称赞严复的康有为，却一反前见，批评严复，认为这是造成国与国之间陈兵相视、人与人之间机诈相陷的根本原因，是万恶之根源。严复的天演论，成了导致战争、全球流血的罪魁祸首。康有为视竞争与仁爱是对立的，仁爱能给人加乐少苦，竞争则使人乐无所加而苦尤甚。竞争不是社会进化的动力，社会进化来自使人去苦求乐的"不忍之爱质"。以竞争为恶，以博爱为善，是康有为所下的价值判断，是为了证实博爱哲学是大同社会不可缺少的。

善与恶是对立的。善有狭义与广义之别。道德意义上的善，是狭义的，是涉及人伦关系的好的行为。广义的善就是"好"。一切使人快乐、给人幸福的，都可称为善。康有为视去苦求乐为"善"，有道德上的意蕴，更主要是广义上的，是指能给人的物质与精神需要以满足的。大同之世，除了生产力的发达之外，去苦求乐的人道主义，是能给人以精神愉悦的。"不忍之爱质"，比竞争好得多。人人把这种"爱质"扩充到他人与众生，去苦求乐的人道主义也就实现了。

天赋人权求解放

要求个性解放，批判违背天赋人权论的封建社会"三纲"说，是《大同书》的又一宗旨。

康有为指出，君为臣纲是"乱世人道所号大经者"，是人为地造出来以压迫他人，实行专制主义统治的教条，是与天赋人权论对立的。"名分""体制""义理"，是专制君主束缚臣民比关在监狱里还要难受的三条绳索。"名分"，指一个人在社会中所处的名位及其应该恪守的职分。"体制"，指封建等级制度，各等级之间的人们形成不平等的高下阶梯，决定了每个人的社会地位和应遵循的行为准则。中国封建社会是等级森严的社会，讲究每个人所处的"名分"。"义理"指儒家学说为等级制度所作的理论辩解。儒家否认社会是整齐划一的，认为人与人之间有尊卑、贵贱、上下的区别，这是社会的正常秩序。"天尊地卑，乾坤定矣。卑高以陈，贵贱位矣。"《易传·系辞》中的这段话，用阳尊阴卑来解释不平等现象是天经地义的。康有为从天赋人权论出发，觉得人与人都是平等的："人皆天所生也，同为天之子，同此圆首方足之形，同在一种族之中，至平等也。"平等关系是天所赋予的，人所具备的基本权利如生存、安全等等，在任何情况下不能被侵夺："侵权者谓之侵天权，让权者谓之失天职。"他列举了汉高祖刘邦、明太祖朱元璋等皇帝滥杀臣民，兴文字狱，厉行专制的罪恶。如刘邦屠杀功臣韩信、彭越，朱元璋诛杀功臣李善长、蓝玉。尤其是朱元璋，因胡惟庸、蓝玉两案株连数万人；又大兴文字狱，使人失去言论自由。甚至于廷杖大臣，残害忠良，把他们的妻子沦为乐户、娼妓，把他们的亲族流放于边陲之地。对臣民"笞逮随时，无身体之保护，一言之失，死亡以之"。

就天赋人权论内涵来看，康有为涉及的是生存权与政治权。生存权包括生命的权利与安全的权利，而封建皇帝可凭借他们手中的特权，任意置臣民于死地。政治权主要为自由、民主、平等。对平等，康有为是很看重的，反复申言人人均为"天之子"。这里的"天"与传统的"天命"有本质上的差别，其意义是指自然的。按照西方天赋人权论的理论，是存在着一种自然状态的。在自然状态中，人天然地有权享有属于人的一切，形成了人人都具有、不言而喻的权利，谁也不能侵夺。康有为认为，人生而自由是天所赋予的权利，如人有言论、行动、交往等方面的自主权，禁止人的自由，就是侵犯人权，违背天理。中学与西学之争，在政治上就是君权神授与人权天赋之争。皇帝自称为天的儿子，依照君权神授原则来行使他的特权。任何不同于皇帝意见的言论，都可用非圣无法来进行惩罚。康有为提出，人是生而具有平等、自由权利的。这些权利是自然所赋的，不分等级高下。任何维护君权神授的"体制""名分""义理"，都应当批判。天赋人权论，虽是严复在19世纪末就正式介绍到中国，但把天赋的平等、自由的权利首次提到神圣的君权之上，这首起的功劳应当归于康有为。

至于父为子纲，康有为也以天赋人权论去批判。父母生育子女，是花了心血和辛苦的，但父母不能把子女当作私有财产任意处置，虐待子女。否则，就是失人道独立之义而损天赋人权之理。父为子纲，是走向太平之世、大同之乐的巨大障碍，不得不除之。

至于夫为妻纲，康有为的批判详尽而有说服力。他宣扬男女平等，把妇女解放提高到人类社会进步的首要地位，显示出康有为在把天赋人权论运用于解决社会实际问题上的创见。

《大同书》中的戊部《去形界保独立》、己部《去家界为天民》，笔走龙蛇，淋漓尽致地畅述了天赋人权论，有力地鞭挞了夫为妻纲，洋洋六万言，可算得一部妇女问题的专著。康有为从理论与事实两方面的结合上，对体现夫为妻纲的"三从四德"之说，作了深入的批驳，而于"三从"说指责尤为有力。

"三从"说认为，女性在她的一生中，不应有独立、自由、平等之人格。开始隶属于父亲，婚后隶属于丈夫，丈夫死后又隶属于她的儿子。归结到一点，只有"一从"，即从属于男性。康有为以为，在家从父，婚姻方面听父母之命、媒妁之言，势必造成女性的终身遗憾。他的伯父有一遗孤女名拾翠，聪明好学，明诗通算，因误嫁一富人之子，不及数月，含恨而死。婚姻在康有为看来，是自由结合的产物。男女双方，求得志同道合是相当困难的，更何况父母之喜好与子女之喜好，不会尽同。"若使子女必与父母同，则天下之执业者，一家一族必无异业，必无异情矣。""异情"指人的个性。从个性解放出发，康有为指出，婚姻之结合或离别，是女性应有的独立、自由、平等之权。"何不顺乎人情，听其交欢，任立期限，由其离合，相得者既可续约而永好，异趣者许其别约而改图"，使人人各得所欲，各得所求，各遂所欢，各从所好。下面从三个方面来剖析。

第一，在家从父是违反了天赋人权论的。男女同为天民，不能用父母意志来剥夺子女的"异情"，即子女的欲求与喜好。婚姻是通过社会正式承认的、男女两性结合的合群形式。康有为强调，婚姻是一种契约关系，男女双方交往相得而有欢愉之情的，"可续约而永好"；也可因志向的"异趣"，"许其别约而改图"。契约存在的前提，是关系双方作了自由选择后又意志协和一致。任何一方都是自律自足的个体，是具有独立人格的主体。身份是与自由意合无关的人格状态，是以一个人对另一个人的人身依赖为前提的。在家从父，是以女性对父亲的依从为前提的。人类社会由古代形态向近代形态的演进，可概括为从身份到契约的运动。身份是与自然经济为基础的封建社会相一致，契约是与商品经济为基础的资本主义社会相吻合的。阐明婚姻关系的确立，从身份走向契约，是康有为提出的具有近代色彩的妇女解放的新见解。主张婚姻自由，要求女性摆脱对男性的依赖，目的是求乐去苦，这也是大同社会追求的目标。

第二，对出嫁从夫，理学家提倡的"饿死事小，失节事大"的贞节观，康有为有深入的批判。对夫为妻纲，康有为以为，这是让女性失去自立之人权、有悖平等公理的。康有为说他家乡中有一赌徒，拿妻子之首饰作赌资，输尽了以后，又卖其妻以供一搏。他的堂姐嫁出后，因其夫生病死亡，遂终身守寡。又有一富家女依父母之命，嫁给家道正在中落的男子，日日执薪手炭而自炊，苦不堪言。其夫又日日泡在赌场与妓院中，不够玩用就向岳母家索取千金。其夫钱花完后因偷盗而下狱，富家女因悲愤而死，命运非常悲惨。他指出，宋代理学儒学家追求虚荣，致使亿万寡妇，寒饿交迫，幽怨弥天。理学家却看作是美俗，大肆宣扬烈女不事二夫的贞节观，造成孀守之寡妇遍及中国的情况。这种悲惨结局，是由于宋代理学家所倡导的"饿死事小，失节事大"贞节观所致。

宋代理学家是指程颐。程颐以为，当女性的生命与儒家的"从一而终"发生矛盾时，女性应当牺牲生命以践履"夫死不嫁"的信条。他的学生问他："或有孤孀贫穷而生计无托者，可再嫁否?"程颐的回答是："只是后世有人怕饿死，故有是说。然饿死事小，失节事极大。"这种贞节观的核心，是让女性为实行儒家所设计的依附人格而死。在宋代以前，人们不以再嫁者为耻；自理学家提出"饿死事小，失节事大"贞节观后，特别是理学在明清两代占统治地位时，寡妇守节成为社会上普遍流行的一种习俗，连农村中的小朋友也耳熟了。在风俗习惯上，社会上流行着以家中有烈女贞妇为光荣的习俗。到了晚清，这种令妇女沉溺于苦海的"美俗"在广东也盛行着。"吾乡族触目所见，皆寡妻也，里巷皆是。贫而无依，老而无靠，有子而不能养，无子而为人所欺"，"冬寒而衣被皆无，年丰而半菽不饱。吾乡居夜归，闻机杼铿然，五更未已，举巷相应，皆寡妇也"。无数个茫茫的夜晚，不知吞噬了多少女性的宝贵年华。是理学的贞节观，造成了无数女性处于凄惨交迫的困境。康有为这一指责是符合历史事实的。

康有为进而指出，当将贞节片面加施于女性之后，又对男性的纵欲给以合法性的保障，违背了天赋人权论。妇女有再嫁之事，不见容于父母与家族，更为邻里乡党所鄙视。对犯奸之事，政府还特许丈夫得以处死妻子。至于男子，情况就不同了。一方面，君主有三宫六院，达官富人广为纳妾，视为是合适的事情；另一方面，文人之寻花问柳，被视为一种贤德，为社会所默许。康有为认为，这都是不符合天赋人权论的。他从权利平等的角度来说明于女严禁、对男放纵，是没有道理的。在康有为的眼中，男与女都是人，在性生活方面的要求是均等的，但以酷刑对待女子，以纵欲宽待男子，是走向各自的极端。康有为指出，女性有外遇以为奸情而允许杀之，男人有内妾则以为符合礼义而得以实行。封建礼教以酷刑与放纵对待男女，康有为觉得这是非常不公正的。

第三，至于夫死从子，更远背公理与人伦。儿子是母亲生的，但不能因男女形体有异，而尊男卑女，使女性服从于他人，至垂老也无自由。这样剥夺人们自立之权，是走了极端的。康有为依据自然科学的知识，驳斥了男女不平等的谬说。物有奇偶、阴阳，生物有雌雄、牝牡，到人那里则有男女，这是自然界的客观规律。这对传统的阳尊阴卑的形而上学凝固论是有力的否定。

在传统文化里，为男尊女卑奠定理论基础的是阳尊阴卑说，这一理论始于战国时期的《易传》，尔后董仲舒用天人感应的神学目的论作了进一步论证，成为制约规范男女关系的主导思想。阳尊阴卑定位论要确定的是：强调男尊女卑、男主女从；女性应以自甘卑弱、顺从男性为美德，其行为、思想与生活，均以男性为中心。女性无独立自主的人格，是女道、妻道之理所当然。阳尊阴卑论沿袭了两千余年，为人们所信从。康有为从近代生物学的知识来说明，自然界的生物有雌雄，人类有男女，这种形态上的差别，是必然的，是合理的。同为人，男女在生理欲求、感觉、举动、德性、智慧方面是完全相同的。康有为认为，女性在智慧上与男性并无差别。他对《易传》的男尊女卑说提出了质疑，认为男女的性别是天然地形成的，不是人力所能强为之的。一个人的尊卑，决定于其智慧与才能，不在乎性别上。如宋代李清照过目能记，与名士欧阳修相比有过之而无不及。只是由于不让女子平等就学，以及重男轻女没有把女性学者之事迹载于史籍，才造成才智上女不及男的错觉。如果去掉这两个不利条件，历史上的许多女子，她们才智绝伦，学识超妙，过于寻常之人是不可胜计的。夫死从子是背"天理"而逆"人道"的。"天理"就是"物理"，是自然界的本然状态与客观规律；"人道"，不是阳尊阴卑定位论，而是天赋人权论。男女平等是自然、社会之间的永恒真理，不因时光流逝或圣人言论而发生变化。为此，他对历史上阻碍妇女解放的种种清规戒律，一一作了批驳。如妇女不能抛头露面、出入交游参加各项社会活动；不得参加科举考试，不能充任议员，限制妇女从政；不能入学堂，无法从事学术研究而成为学者等现象，看成是天下最不公、不平之事。他为此发愿，使神州大地上女性脱离沉溺之苦，在大同世界中让未来众多女性有平等、自立的快乐。顺此而下，他把妇女解放，放在人类社会进步与走向大同之世的首要地位。

在任何时代里，妇女解放都是社会趋向文明与进步的标尺，但不是任何时代的人们都能自觉认识到这一点的。明确地从社会进步角度谈妇女解放，在近代中国康有为当为第一人。要使天赋人权之义大明于天下，其前提是男女平等与独立自主。破除"九界"，步入太平之境、大同之世，是以男女平等、各自独立为基础的。从19世纪80年代末，倡导不缠足运动，到20世纪初，从天赋人权立论，视妇女解放为社会解放的前提，康有为对妇女解放的重视是一以贯之的。这不由人想及西方空想社会主义者傅立叶的一个著名命题：妇女解放的程度是衡量普遍解放的天然尺度。马克思认为，没有妇女的解放就不可能有伟大的社会变革，社会的进步可以用女性的社会地位来衡量。康有为视妇女解放为社会进步的始基，同傅立叶、马克思的主张相当接近，但他以为这些主张在当前是不能实行的，而是专为将来社会进化的角度设计的。马上实行会引起社会的大乱，从而把应该实行的主张，推到遥远的将来。一方面，他没有提出实现妇女解放的切实可行的近期措施；另一方面，又在事实上抹杀了他的主张的激进色彩。诚如梁启超所言："自发明一种新理想，自认为至善至美，然不愿其实现，且竭全力以抗之遏之，人类秉性之奇诡，度无以过是者。"康有为"秉性"，实为他视事物发展只能是渐进的、缓慢的量变，不能是质变的哲学观点。正是世界观上的局限性，决定了他的个性解放思想的局限性。

大同理想的剖析

大同理想是中国文化中用以改革现时社会黑暗状态、希冀社会进步的思想资料。历史发展到了近代，志士仁人以大同理想作为"本文"，灌注了各自的向往。这种向往可以是零星的、片段的，也可以是系统的、全面的。洪秀全和康有为都向往大同之世，并据此批判现实中的黑暗与不平。《天朝田亩制度》引用了《礼运》中对大同思想描绘文字后，提出了人人平等、财产公有、生活幸福的美好设想，勾勒了一幅以小农经济为基础的农业社会主义蓝图；《大同书》以西方现代化大生产为前提，展现了一幅以人道主义、天赋人权为内容的资产阶级社会理想图景。近代中国人在向西方学习时，总是以力戒西方资本主义社会弊病为满足。在19世纪末20世纪初，西方社会已显现出种种弊端，这迫使西方的学者去追求一个更为美好的境界。康有为也是如此。正当康有为酝酿其大同理想时，1891~1892年《万国公报》连载美国人贝拉米所写的空想社会主义小说《回头看纪略》（一名《百年一觉》）。在学生记录的《康南海先生口记》中，有一句很简明的话："美国人所著《百年一觉》书，是大同影子。"

贝拉米（1850~1898），是美国19世纪著名作家、空想社会主义者。《百年一觉》是一部幻想小说，后由李提摩太于1891年译成中文，发行数十万册。这部书的主要内容是：一个美国人在1887年，被一位医生使用了奇妙的方法后昏然睡去。一觉醒来，已是2000年。这位美国人脑海中存留的是1887年的情景，而现在看到的是2000年的社会情况。百年之间，原先不平等、不文明、生产力低下的社会，变成了一个平等、自由、生产力高度发展的社会。谭嗣同看了这部书后，得出一个结论："若西书《百年一觉》者，殆仿佛《礼运》大同之象也。"《百年一觉》对晚清思想界影响最大的，就是对康有为写作《大同书》时的启迪作用。《百年一觉》采用的是比较手法，《大同书》使用的也是比较方法。《百年一觉》是以百年前后进行对照，以旧时丑恶、落后，而以未来为美善、先进；《大同书》以现实社会丑恶、落后，以未来社会为美善、先进。当然《大同书》也不是全盘仿照，而是以"去某界"为对现世丑恶、落后的鞭挞，以"至某界"为对未来美善、先进世界的憧憬。这就是康有为自称，《大同书》是《百年一觉》的"影子"的缘由所在。具有空想社会主义色彩的《大同书》，对未来的社会图景、尽美尽善的理想境界的描绘，是受了《百年一觉》启迪后的产物。

《大同书》是近代中国文化上古今中西冲突与交融的产物。《礼运》中的大同理想作为"本文"，一旦脱离了其产生的社会和文化背景，就被后来的解释者赋予新的含义。当本土文化受到外来文化的冲击，且外来文化有着高于本土文化的优越性时，外来文化就会渗透到本土文化的"本文"中去，使解释者既同传统的"本文"保持着某种连续性，又存在着不同一的间距性，从而建构成了杂烩着两种相异文化的新学说。梁启超所说的，他所处的那个时代的学说，往往有"不中不西""亦中亦西"的特征。康有为的"大同之世"，可从上述意义上去理解。

毛泽东在《论人民民主专政》中说："康有为写了《大同书》，他没有也不可能找到一条达到大同的路。"确实如此，《大同书》设计的理想社会是一种脱离现实的空想。他把大同社会的内容设计得愈具体、愈细致，就愈发陷于空想，如无国家而于全世界设置一个公政府，如把整个地球划分为南北、东西各百度，各个自治政府以经纬度来划分。这完全置历史上各民族形成的国家于不顾，以整齐划一的主观思想去替代客观历史中形成的事实，不是空想又是什么？康有为对孕妇入住医院后的医疗、饮食、居住、衣服、阅读、交游都有具体而微的规定。对育婴院的保育员的任期他都规定好了，以两年为满任。其他如要有产者放弃私有财产，取消民族差别，泯灭人与生物的界限……空想的色彩异常浓郁。空想不是任何时代都能萌生的，空想的产生有它真实的历史背景和文化氛围。康有为用想象来排除现实中的差别，实际上就是社会中存在着剧烈差别的证明。这些差别，按照康有为去苦求乐的善良愿望，是不应存在的。"大同之世"作为空想，是源于现实中战争、压迫、苦难、灾害、差别等矛盾太厉害、太激烈的事实。康有为从去苦求乐的人道主义与天赋人权论出发，希望建立一个自由、平等的社会。它是一个反封建的理想社会，是一个学习西方而又力戒西方已经出现弊端的理想社会。这个社会还兼容了康有为对资本主义大生产的现实与空想社会主义的向往。在"大同之世"的建构中，不难发觉康有为对现实社会所要进行的改革的拳拳之心。尽管改革的目标过于空泛而沉湎于幻想式的愿望里，但他的愿望是善良的，是渊源于现实中的苦楚的。

第7章

环球之旅察政治

从戊戌变法失败到始游欧洲的六年间，康有为主要是在英国度过的。他寄希望于光绪重掌政权，等待东山再起。在这样的背景下，康有为开始了他的欧洲十一国之行，目的是考察各国政治上的得失："吾两年居美、墨、加，七游法，九至德，五居瑞士，一游葡，八游英，频游意、比、丹、那（原文如此）各国，久居瑞典，十六年于外，无所事事，考政治乃吾专业也。"他想用欧洲各国的政治历史和现实，来说明君主立宪有利于进化、革命带来破坏的道理，进一步扩大保皇派的影响，和革命派继续进行论战。他游历了欧、美、非、亚各洲，到1914年才回国定居于上海新闸路盛宣怀的辛家花园。这一期间总的看康有为的思想越来越保守。他反对辛亥革命，授意门人陈焕章组织孔教会，从文化上的尊孔复古，走向政治上的复辟。

遍尝百草为神农

康有为这个时期留下来的游记，名为《欧洲十一国游记》，实际上只有《意大利游记》与《法兰西游记》两篇。其他九国是瑞士、奥地利、匈牙利、德意志、丹麦、瑞典、比利时、荷兰、英吉利。他在序言中说，如果把中国算作病人的话，就得考虑用药来医治使之长寿。他说中国的才子与贤哲虽然众多，像森林一样，但大多处于闭塞的状态，不了解世界各地之大势。像我康有为这样，有着游历世界各国的经历，是前人所没有的。从近代中国走向世界的历程来说，康有为到过三十一个国家，游遍四大洲，行程六十万里，是近代中国到过世界各地最多的一位思想家，但不愿与时俱进的保守心理却使他渐趋落伍。他认为，要使中国的政治去掉它的毛病，"思有以药而寿之"，必须有一位"耐苦不死之神农"。他十一国之游是为了"遍尝百草"，即"揽万国之华实，考其性质色味，别其良楛，察其宜否，制以为方，采以为药，使之中国服食之而不误于医耶"。康有为自视为能医治中国政治沉疴的神农，医治中国的"神方大药"已被他找到，四万万同胞只要服下他的药方，就能起死回生、补精益气、延年增寿。

这两篇游记，是康有为的政治考察纪实。他主观上是在寻找真理，但客观上却和真理离得更远了。他在意大利停留的时间不长，看的东西却不少，发的议论尤其多。他的游记是借题发挥，纵论中西文化之异同与比较。旅游作为人类的行为之一，是人在不同地域与文化中进行的活动。人是文化的载体，不同地域与文化背景下出生、成长的人，在价值观念、思维方式上是殊别的。旅游是人在空间的流动，也是人的思维在不同文化体系中的流动。旅游对具有深厚儒家文化根底的康有为来说，对西方文化的实地观光，无疑是一个触媒。旅游使他从不同文化的交流与反差中增加新鲜感受，从而使他的思维如喷泉一般，不断地喷射出泉水来。"每抚罗马一古迹，则感叹中西，不能去怀也。"他在纵论西方与中国政治文化的时候，继续宣传中国必须有选择地学习西方，在各方面实行变法，但同时倡导革命不如君主立宪，推销他的保皇主张。他的"感叹"是泥沙与鱼龙俱下，精华与糟粕杂陈。在叙述公元288年罗马皇帝克里生裂国为四，导致罗马灭亡，到今天欧洲各国，还处在分裂争战的状态时，他发了一大通议论。大意是：有一种观点认为，西欧之政治日新月异，是竞争的结果。经我考察中国与欧洲历史后，知道由竞争而进文明说法是缺乏根据的。魏、蜀、吴三国鼎立，北朝十六国纷争，五代时各国间的战乱，使中国的文明扫地；欧人经千年黑暗战争之世，同样是苦不堪言。在他看来，中国之有文明，皆受益于汉、唐、宋诸朝的一统之世时，今天西欧各国的政治制度与科学技术的长进日新，也是近百年来弭兵息战的结果。现在中国有些竖儒，不审时度势，想把中国分为十八国，以期通过竞争而得到文明，这种主张一旦实行只能促成中国的灭亡。他肯定统一是中华民族的根本利益所在，大一统局面有利于文明的进步，分裂和战争会造成黑暗和倒退，有正确的地方。但康有为离开欧洲民族国家产生和发展的历史条件，机械地将欧洲和中国相提并论，抽象地去比较"分"与"合"的利弊，不是科学的分析方法。康有为的目的，矛头是针对革命派的。当时有些主张推翻清廷的革命者，宣传南方各省脱离清廷独立，主张十八行省自治。联省自治之见是否正确是另一个问题，但康有为把革命派视为竖儒，是站在革命派的对立面。至于以中西史实，论证竞争而进文明为无稽之谈，是针对章太炎"竞争出智慧"的见解而发的，更谈不上正确了。

118

"感叹中西，不能去怀"，是对中西文化作比较，也借文化比较攻击革命派。看了罗马的基督教教堂后，他从欧洲人信仰基督，推论到中国应该尊崇孔子，建立孔教，进而把革命派比作少正卯，大肆攻击。这段"不能去怀"的议论有三层意思：一是，在今天孔子依然是治理国家弊病的"大医王"。现在欧洲人所讲的新理，都是为国家纷争服务的工具，离孔子的道理还很远。二是，现在有些妄人，好持新说，以炫耀其知识的渊博，攻击孔子，实为媚外之倡。三是，妄人"谬发非圣之论"，按其罪行不在洪水猛兽之下。康有为断言，今若有人，言伪而辩，学非而博，"日以非圣为事"，一定要像历史上的少正卯一样被诛杀，万无可赦。"非圣之论""日以非圣为事"，指当时革命派中一部分人从平等观念出发，反对尊孔尊君的主张。

在 20 世纪头几年中，革命派意识到要进行推翻清廷的革命，还要做观念革命的工作。近代中国处于不停的变迁之中，但背负着两千多年历史与文化传统重荷的中国社会的变迁是艰难的。艰难来自这个社会中的人，不仅有权势者的顽固，还在于无权势者的不自觉的顽守与因袭着传统中的奴性。要使革命浪潮奔腾咆哮于神州大地，必须铲除奴性。一如邹容所说："革命者，除奴隶而为主人也。"革命对广大民众来说，是脱去奴性而成为具有独立、自由、平等意识的主人。

在革命派看来，民众奴性集中体现在做祖先圣贤的奴隶、做君主专制的奴隶这两个方面。革命派在一篇文章说："那些民贼为什么这样尊敬孔子呢？因为孔子专门叫人忠君服从，这些话都很有益于君的。"点出了历代君主尊孔的目的所在，是要人们做专制统治下的奴仆。文章结论是，"圣贤的言行不可依"。《国民日报》另一篇文章，指出中国人的奴性有其特殊性，不像欧洲各国人民，在等级制度下明白自己所处的奴隶地位，而是自觉地甘愿做奴隶。造成这种情况，尊孔是一个重要原因："独夫民贼之收买奴隶者，正思利用之，以保守其产业，乃阳崇孔子，奉以文宣成王大成至圣种种徽号。"这揭示专制君主利用圣人崇拜观念，以期民众在尊孔旗号下自觉地做君主的奴隶。革命派号召民众以大无畏精神，来冲决因袭已久的奴性，在反对尊君崇孔的同时，又把"圣贤"从神圣宝座上拉下来与"我"平起平坐，认为"圣贤"与"我"都是"人"，他能够成为圣贤，我难道不可成圣贤？我为什么要做他的奴隶？这是资产阶级的民主、平等观念，也就是康有为所说的"非圣之论"。对待"非圣之论"者，康有为希望仿效历史上孔子诛少正卯的样子，去诛杀革命派中的"妄人"。康有为要把革命派视为少正卯这样的邪恶之士，理由是很清楚的，不做圣贤与君主的奴隶，等于抄没了康有为的全部家底：他的公羊"三世"说与保皇的君主立宪论。

非圣是不行的，君权更是要绝对尊重的。在游罗马元老院的旧址之后，康有为从地形不同来说明中西政权的区别。中国亘古没有议会制度，是地形造成的；欧洲数千年一直有议会，是由于地中海形势使然。欧洲地形险要，港湾纷歧，适宜于众多小国并立争雄；中国旷野数千里，地皆平原，无险可守，且为大国众民，必定是君权独尊。像中国这样的，还有印度、波斯等帝国。地理环境的区别，决定了中国与西方政体的不同性质，一为君主专制，一为议院民主。这是地缘政治论。创此学说的是法国18世纪启蒙学者孟德斯鸠。地形的险要，山地的众多，港湾的纷歧，是形成民主政治的主要因素；一望无际的大平原，缺乏险要的关隘，是造成专制政治的根本前提。孟德斯鸠的地理环境决定论是有重大缺陷的。应当承认，地理环境对社会政治制度的形成和演变有重要的影响，但这种影响不足以达到决定政治制度的性质。同样的地形，可以是民主政治，也可是专制统治，这是历史上显而易见的事实。康有为是否读了严复据孟德斯鸠《法的精神》所译的《法意》，尚无明证，但他的观点，是同孟德斯鸠一致的。康有为承认世界政治的发展趋势是必行议院政体，英国先实行，在全球中最先强盛；欧美各国跟着实行，为后起的强国。中国应当移植而用之，但有一个前提，即"君权必尊"不容更改。在保皇的前提下，把欧洲议院制度移植到中国，实行君主立宪。这就是康有为为四万万同胞所开的"起死回生"的"神方大药"。

在这个新中国里，一定要有光绪那样英明仁圣的君主。有孔子这样的"大医王"，开出疗治社会弊病的"神方大药"。这个新中国可随时移植西方的议院政体，但尤需发扬"孔子之大道"。康有为认为，自己是当今的"孔子"，公羊"三世"说就是"孔子之大道"。这和革命派希望建立的民主共和国是格格不入的。到 20 世纪的头几年，这个方案是要引导民众走入歧途的。《意大利游记》是康有为走上歧途的作品。他这位"遍尝百草"的"神农"，已医治不了中国社会的沉疴了。

走向革命对立面

《意大利游记》在 1905 年出版后，保皇派和革命派的斗争更趋激烈。倾向革命的人越来越多，孙中山在这一年成立了中国同盟会。1905 年 8 月，康有为游法。《法兰西游记》于 1907 年初版发行。全书分四个部分：1. 法兰西游记；2. 法国之形势；3. 法国创兴沿革；4. 法国大革命记。最能体现他思想的是第四部分。他借叙述法国大革命为由，宣传"只可行立宪不可行革命"的理论，是他走向革命派对立面的写照。九年前，他用法国大革命史实去规劝光绪帝，希望赶快实行变法维新；九年后，他以此来渲染革命的可怕，要民众不听革命派的话。在《法兰西游记》中，康有为逆潮流而动的态势表现为下列几个方面。

第一，渲染法国大革命的恐怖，把革命等同于屠杀、流血、专制，革命就是残忍无道的同义词。据康有为的描述，因法国大革命的原因，流血断头遍地，殃及许多善良的百姓，穷天地古今之凶残，未有超过它的。在1791年8月19日，革命法院决定，大肆搜捕官商民家，有对抗革命的嫌疑者皆捕杀。杀戮的手段是残酷的。由于要杀的人太多，按正常的行刑办法太慢，便把囚犯集中于一个"大漏舟"中而沉于水中，这叫"革命宣礼式"；或把成年男女一对一对地合缚起来投入水中，名曰"革命结婚刑"。死者众多达万余人，"河流皆臭，二百里间水赤。乌雀集啄人尸，鱼含毒不能食"。对待革命的敌人是如此，于起初共同图谋推翻封建专制为目的的同路人也不例外。"于一党之中，又分数党；于小党之内，又分亲疏。异党屠尽，则同党相屠；疏者屠尽，则亲者相屠。"法国革命派在康有为心目中，是以屠杀为乐的职业刽子手。几百万革命志士之流血，"以成就一罗伯斯俾尔之专制民主"；合数千万良民之流血，"以复旧于一拿破仑之专制君主"。法国资产阶级革命，是以屠杀、流血为手段，以专制为结果的一场残杀运动。康有为认为，法国资产阶级革命中，所揭出的博爱、自由、平等的口号，是虚假的，是屠杀的护身符。

第二，醉翁之意不在酒，攻击法国大革命是引子，矛头直指中国资产阶级革命派。他说："吾闻上海爱国学社革命者，皆服粗野而行险暴，何其类法国耶？幸事未成而未至恐怖时耳！"1902年，上海南洋公学第五班学生因抗议校方禁议时政而退学。中国教育会接受退学学生的要求，为其设立爱国学社。南京陆师学堂的退学青年亦来沪加入。由蔡元培、章太炎等义务授课。中国教育会成立于1902年春，由蔡元培、蒋智由、黄宗仰（乌目山僧）等人集议发起，推蔡元培为会长。爱国学社是以南洋公学退学学生为主体，是鼓吹革命的中国教育会赞助成立的，是资产阶级革命派在上海的一个重要革命团体。它进行了许多革命活动，特别是在拒法、拒俄运动中，它同中国教育会、《苏报》一起成为指导运动的中心。1903年，该社还编辑了《童子世界》，热烈赞扬了法国大革命，称"法国大革命，真近来欧洲第一桩大事"，"破几千年专制的政治，开近百年自由的门路。这桩事的余波"，"影响所及几十个国度，千百年以后的史家，永久拿这桩事当作人类新纪元的一个纪念物"。鼓励青年要仿效法国大革命，让民众脱奴隶之厄运，建自由之邦国。对待法国大革命，康有为视之为"穷天地古今之凶残"，这与爱国学社的主张是如此的泾渭分明。康有为不仅对爱国学社大加指责，而且他进而对革命派进行人身攻击，认为信仰革命的人都是误服毒药的结果，"日发狂舞刀杀人"，"如服毒之怒发，无可醒解"。众人皆醉，唯独他康有为很清醒。

　　第三，保持中国的封建君主制，再添上西方的"物质"与"民权"，是比革命更为符合中国现实的"方药"。康有为以学习西方文化的老前辈自诩，用先知先觉的口吻来教导别人。他说自己在列国周游已有八个年头了，深知法国的风俗习惯。在对欧洲与中国习俗作了考察之后，知晓得失的缘由了。如果讲求变革的话，当以孔教为准绳。因为在那里，"文明美备，万法精深，升平久期，自由已极"，为什么还要"妄饮狂泉，甘服毒药"呢？对中法历史作比较后，他得出法国要爆发大革命而于中国实无必要的结论。革命两千年前就在中国发生了："我之大革命，盖在秦世；我之享自由，盖自汉时。"中国不要去服革命的"毒药"了。自秦汉以降的中国君主制，虽不是十全十美的，"但知所缺在物质、民权，则急急补此二者可也"。康有为承认，在物质文明方面，西方最近几十年来有"大进化"。自瓦特发明蒸汽机之后，科学技术日新，欧洲比中国进步得多。民权方面，康有为推崇欧洲议院制度，认为欧洲各国立法皆出自议院，人民有参与国政、选举议员的权利，国王服从宪法。中国要以欧洲为中国之师，移植这种"新世之文明"。他以为学习与移植易如反掌："去短取长，一反掌间，而欧美之新文明皆在我矣。"

从君主专制+"物质"＋"民权"的"方药"来看，无非是在坚持君主立宪的基础上添一些西方的物质文明。他在戊戌变法时期，为此努力过一阵子，但结果是顽固派用暴力挫败了移植欧美新文明的努力。康有为坚持"君权必尊"，诅咒革命，表明他已从追求真理走向了谬误。康有为犯了一个根本的错误，就是把以往时代里是正确的东西，运用到后来的时日中。他在戊戌前的思想和言行，影响了举国上下的整整一代人。现今是尊孔保皇的思想害了他，使他步入了不准人们学习革命道理的歧途。一个时代真正结束了，那就是令康有为熠熠生辉的时代。一代伟人开始沦落了，那就是从先进的行列堕入了革命派的对立面。

游完了欧洲十一国，康有为于1904年11月重返加拿大温哥华。1905年起，一直到1909年，康有为一直在欧、美各国漫游。康有为能周游世界三绕地球，全靠爱国华侨的慷慨援助。康有为也抱着"考政治乃吾专业"的想法，奔走于世界各地，细心考察各国的政教、历史、风俗、文物与制度，不过保皇立场并未发生变化。1906年，清廷宣布预备立宪，带有王朝自我挽救的意味，有取悦列强、拉拢立宪派、打击民主革命的目的。康有为闻之，大喜过望，改保皇会为国民宪政会。1908年，光绪去世，康有为悲号愤慨。他认为光绪之死，是袁世凯买通医生下毒的结果，他要求海外各埠会员签名上书摄政王载沣，请杀袁世凯。其实，这纯为一厢情愿的幻想。

数百万华侨参加保皇会，是因为他们具有强烈的爱国主义精神。他们一时不明革命和改良、民主共和与君主立宪的区别，不明只有革命才能救中国的道理。经过革命派的理论宣传，尤其是经过激烈的论战，海外华侨才逐渐觉悟，纷纷登报脱离保皇党，并以钱财支持孙中山的革命事业。在此形势下，康有为依然把君臣际遇中的光绪恩宠时刻铭记心中，唯知尽力以报之。孙中山有一段相当精辟的话："其创立保皇会者，所以报知己也。夫康梁，一以进士，一以举人，而蒙清帝载湉特达之知，非常之宠，千古君臣知遇之隆未有若此者也。百日维新，言听计从，事虽不成，而康梁从此大名已震动天下。此谁为之？孰令致之？非光绪之恩，曷克臻此！今二子之遁逃外国而倡保皇会也，其感恩图报之未遑，岂尚有他哉！""士为知己者死"的浓厚的封建习性，主宰了康有为的后半生。

第8章

一代伟人自沦落

　　皇帝倒了，辫子割了。八个字，形象地说明了辛亥革命后中国政治制度与思想文化上的变革。肩负着保皇重任而遨游了世界各地的康有为，不无忏悔地觉得戊戌变法时之孟浪。他反省说，自戊戌以来，我主张君主立宪；自辛亥以来，我主张虚君共和。两者有些不同：君主立宪是君主虽受制于宪法但有一定的实权，而虚君完全是名义上的、没有任何权力的。康有为所要坚持的是，得有一个君主存在于中国政坛上。"虚君共和"，是他归回离别十六年的故国后提出来的，对帝制认同的新观点。1917年，他以清朝遗老身份参与"丁巳复辟"，担任了一个极不光彩的角色，伟人成了侏儒。康有为成为老顽固，另一原因是对孔教不遗余力的鼓吹。是时代嘲弄了康有为，还是跟不上时代步伐自甘沦落的顽固心理。看来是两者兼而有之，后一方面更多一些。

虚君共和发奇论

　　"辛亥八九月之间，举国行大革命，吾惴惴恐惧。"皇帝的被驱逐，对生活在君主独裁统治下的臣民来说，是旷古未有的大事；共和国的建立，使辛亥革命迸发出耀眼的光芒。民主共和的观念深入人心，连康有为也借用"共和"的观念来构建他的奇论。按照他君主不可废逻辑，有立宪制之共和，有民主制之共和，自应有虚君之共和。"虚君共和"有许多好处，虚君可置身于政治竞争之外，作为国家团结与安定的象征；君主统而不治，不需具备杰出的才能，清之废帝与孔子后裔衍圣公都可胜任此位。康有为觉得，他找到了最适合于中国的新政体。在《救亡论》与《共和政体论》两篇长文中，喋喋不休地论证"虚君共和"的合理与必然。这体现了皇帝倒了的现实之下，康有为进退失据的心态。

在中国，不懂得皇帝的权威，是不会懂得辛亥革命划时代意义的。在世界历史进程中，没有一个国家像中国那样，存在着皇帝在社会生活中发挥着支配一切的巨大威力。从秦始皇到清宣统，历经两千多年，社会中只有一个最高主宰，那就是皇帝。作为人主，皇帝是世俗的权威；作为天子，皇帝是神圣的权威；作为君父，皇帝又是政治、伦理的权威。"上为皇天子，下为黎庶父母。"天下的臣民，都是皇帝的奴仆；臣民的一切，都是皇帝赐予的。臣民被处死称之为"赐死"，遭杀还要说"谢主隆恩"。

在君权至尊无上的社会里，士大夫往往是通过言论、建议向君主施加影响以实现自身的理想。不过君臣的关系是不稳定的，甚至是别扭的。君主对他的臣民，随时握有可贵可贱、可生可死的大权。较为成功的合作，如魏征之于唐太宗，在言听计从之际有时也会流露出杀机，因为有一次魏征的直谏使李世民失了体面；素以遇上明主为幸的魏征，暗中也发出"君臣相遇，自古为难"的慨叹。至于喜怒无常、猜忌多疑、刚愎自用的君主更难伺候了。"伴君如伴虎"，这句俗谚就是由此而来的。纵观历代君臣关系，以"相遇为难"者居多。熟悉中国古代历史的康有为，知道历史上君臣际遇中的险恶情况。光绪打破祖宗成法，单独召见他这个位微权轻的小官。不仅如此，还给他专事奏折而不经他人转达的特权。这在上下之情不通的晚清，算得上是非常的宠恩了。以后又把变法大事、国家命运托付给他这位工部主事，对他的建议言听计从。生命危在旦夕间，又颁明谕与托人捎去衣带诏，叫他速离北京。这是一种"特达之知，非常之宠"了。追思"千古君臣知遇之隆"的康有为，在内心产生了自觉报恩的驱动力。他逃到日本三个月后回忆道，皇恩浩荡，唯有尽忠以报效之。光绪在世时，他以拥戴光绪复位为使命所在；光绪死后，他积极参与张勋策动的"丁巳复辟"。在没有皇帝的现实下，他要制造出"虚君"来，让"虚君"受人们顶礼膜拜。他认为，尊君已成为习俗了，一旦废之，绝对不是良策。这对皇权观念已沦肌浃髓的康有为是必然的，对众多的革命志士来说则是一种奇论了。

报恩心理同康有为自信、执拗的性格相结合，使他坚持己见，难以赶上时代发展的步伐。孙中山说他"其感恩图报之未遑，岂尚有他哉"，确切道出了康有为内心的想法。辛亥革命以暴力推倒了皇权与专制而代之以民国，为两千多年的历史画上了一个句号。这个句号是如此强有力地弄清了一个界限：在这以前，帝王是人主、天子、君父；在这以后，帝王是公敌，敢有帝制自为者，天下共讨之。袁世凯"洪宪帝制"美梦的幻灭，是同社会各阶层的讨袁浪潮分不开的。在这铁和血铸成的现实面前，康有为显得顽固不化，他均以"岂有他哉"的气概去对待之。

历史的进程，掂出了辛亥革命所画上句号的真正意义，但康有为却义无反顾地要和行进中的历史车轮较量。1912年5月的《中华救国论》一文中，他把辛亥革命后社会中发生的罪恶都算在共和体制头上，咒骂新生的共和国为暴民无政府之政，可以亡国。说共和国成立只数月，惨状弥布于神州大地。对自由、平等、博爱的态度，不像《大同书》中那样去赞美，而是与《法兰西游记》一样，极尽诅咒谩骂之力："夫名为共和，而实则共争共乱；号为共和，而必至分争分裂；号为博爱，而惨杀日加酷烈；号为自由，而困苦日不聊生；号为平等，则大将中将勋位金章，多如鲫焉。"他发"虚君共和"的奇论，是反对民国以后的新生共和国，目的是极显彰的。

鼓吹孔教之巨子

辛亥革命所具有的反封建性质，动摇了孔子至尊的地位。1912年3月，《临时约法》由南京临时政府颁布，规定人民有信教的自由，有否定把孔子"定于一尊"的意蕴。不准学校读经，不准祀孔，由南京临时政府教育部以行政命令的方式作了规定，把孔子驱出了学校。这使康有为如丧考妣，他忧心如焚地写道："自共和以来，百神废祀，乃至上帝不报本，孔子停丁祭，天坛鞠为茂草，文庙付之榛荆。"对废止祀孔祭天、尊经读经表示了强烈的不满。中国文化是以孔子儒学为主体的，一种文化经千百年积累而成的传统，不是僵死而无活力的，尊孔读经不会随皇帝垮台而自行泯灭。传统是过去与现实相互交融的结果。新旧交融性，使传统显现出动态的价值取向。尊孔读经，作为一种传统已持续了两千多年，不仅得到众多人的认可，而且形成了相对独立的规范人们行为的力量。例如在民国初年，众多的以尊孔复古为己任的团体的出现，足以证实了传统的力量。在这些团体中，由陈焕章发起的孔教会是最强有力的。海内外一些重要城市都有它的支会，据称支会遍于各地者为一百三十余处。躲在幕后指挥的康有为是该会的真正灵魂。该会是以定孔教为国教作为重要任务的。读过基督教神学著作，与英国传教士李提摩太有过较多交往的康有为，基督教强烈地刺激了他。他坚持以孔教为国教，是知晓宗教在西方文化中具有决定性影响的缘故。

梁启超认为，康有为是一个宗教家，在宗教方面对中国有很大贡献。指出他"以孔教复原为第一著手"，是"孔教之马丁路得也"。康有为幼受孔学熏陶，后潜心佛藏，又读基督教之书，持三圣（孔、佛、耶）为一体的宗教主张。康有为毕生致力将儒学转化为宗教，因为这是最适合于中国人文化传统的。康有为对宗教的提倡，是想把儒学从道德哲学移作为世俗性的宗教即孔教。

康有为接受了历史上神化孔子的做法。在《孔子改制考》中增加了孔子为教主的新内容："天既哀大地生人之多艰，黑帝乃降精而救民患，为神明，为圣王，为万世作师，为万民作保，为大地教主。"同书中又有"儒教为孔子所创考""孔子创儒教改制考"二卷，以证实把儒学当作宗教的理由。康有为对改造儒学为儒教的热忱，不表明他是赞同出世的。他的宗教观是世俗的，力图以道德为宗教，强调儒家学说可以像宗教一样在现实社会中起作用。1895年，在《上清帝第二书》中，建议在全国传播孔子学说，把未经许可的庙宇改为孔庙。1898年夏，他正式提议以儒教为国教并建立孔教会。到民国初年，他又多次重提这一建议。

他主要的努力是在建立和发展孔教会上。出面的是陈焕章，操纵并任会长的是康有为。陈焕章，早年在广州是万木草堂的学生。1907年与其师康有为密谋后，于纽约创立"昌教会"。他在美国哥伦比亚大学经济系获博士学位，以英文写成《孔门理财学》一书。就理财谈孔教，让天下人知道孔教之切实可行，就像一个人与布帛菽粟不可分离那样。一身兼中西学术与文化的双重色彩，自比三家村学究出身的陋儒要迷人得多。陈焕章于辛亥革命前回国寓居上海，受康有为指使，于1912年10月在沪开孔教会。1913年2月，孔教会在上海出版《孔年教会杂志》；同年3月，康有为于沪创办《不忍》杂志，设"教说"一栏，专门宣扬孔教。在该栏内，康有为把《孔教会序》《以孔教为国教配天议》等文一一刊出，很快得到帝制余孽、封建遗老、帝国主义分子以及一些倾向尊孔的都督响应。他们的共同倾向是视孔学为中国文化的核心，亟应提倡；如不崇敬孔子，会给中国社会秩序带来莫大的祸害。这些人中的绝大多数，都是把文化上的尊孔复古，作为通向政治上封建复辟的桥头堡。尊孔与复辟有着内在的联系，康有为先是极力鼓吹定孔教为国教，后参与丁巳复辟，是很能说明问题的。能证实这一点的，是袁世凯的态度。

1913年，康有为以母丧归故国，袁世凯邀他去北京，让康有为为袁氏政权作点缀。康有为一向痛恨袁世凯，视袁是出卖光绪的忘恩负义的乱臣贼子，没有应邀到北京。但康有为从1913年到1916年间，在《不忍》杂志刊出大量尊孔言论，适应了袁世凯复辟帝制的需求。康有为对袁世凯有说不尽的怨恨，但袁世凯却对康有为的尊孔言行心心相印。1913年6月，袁世凯不仅恢复了祀孔典礼，而且恢复了祭天制度，孔教与政治再度联姻。对此鲁迅指出："从二十世纪的开始以来，孔夫子的运气是很坏的，但到袁世凯时代，却又被重新记得，不但恢复了祭典，还新做了古怪的祭服，使奉祀的人们穿起来。跟着这事而出现的便是尊孔帝制。"康有为所寄托的是帝王之想，袁世凯走的也是这条路。

1913年11月，康有为被举为孔教会总会长，陈焕章任总干事，美国人李佳白受聘为顾问。陈焕章主编《孔教会杂志》第二号刊出康有为《孔教会序》篇，是由陈焕章约请康有为写的。两篇序文宗旨相同，力主定孔教为国教。

康有为阐明孔教为立国之本，是"中国之魂"。他说"夫国所与立，民生所依，必有大教为之桢干"。世界各民族都有它自己的宗教，欧、美诸国所以强盛，是基督教绵延不绝之故；犹太民族，流离异国两千余年，唯"教存而人种得以特存。世界各国如此，中国也不例外"。一个国家信奉什么教，得审其历史上风俗之宜、人心之安者，对中国而言，只有孔教可担此重任。因为孔教是中国数千年文明之核心："岂知中国一切文明，皆与孔教相系相因，若孔教可弃，则一切文明随之而尽也。"他认为在孔子的微言大义中，有着疗治社会沉疴的良方，孔子是个"大医王"。孔子为中国"预陈三统三世小康大同据乱升平之道"，"与时推迁，穷变通久，使民不倦，盖如大医王，无方不备也"。康有为称，孔学中有许多医治社会弊病的良方，新生共和国面临的问题，服此"良方"就可迎刃而解。

康有为希望民众把儒家经典奉为教义，要人们在孔子偶像前顶礼膜拜。在康有为鼓吹下，孔教会在1913年8月与1916年8月，两次向国会请求，把孔教定为国教，并把此条列入宪法之中。人都生有膝盖，在康有为看来是天生下来给孔子下跪用的一种特殊功能："中国人不敬天，不敬教主，不知其留此膝以傲慢何为也。"这些主张离中国文化的传统太远了。以孔子为教主，以孔学为宗教，是与真实的孔子有差距的。孔子一生不语怪力乱神，"敬鬼神而远之"，其"未知生，焉知死"的话，表明了孔子杜绝了彼岸世界对人所具有终极关怀的意义。历史上的孔子，是有比较确定形象的，不是一个随手搓捏的泥人。如果说在19世纪末，需通过改塑圣人的办法，以演出一场变法维新的活剧的话，那么在20世纪初，愈来愈多的人把孔子视为过去帝王时代的圣人，是与现代社会格格不入的。新文化运动主将陈独秀指出，康有为的主张使康有为由"名教罪人"转为"未开化时代之人物"，是代表了有识之士的共同看法的。康有为怀念孔子，提倡孔教，主要是同政治有关，寄托的是厌恶新生共和国的感情。这是他政治上理想无法实现的失落感的写照。他没有投向袁世凯的怀抱，不说明他不向往帝制。未参与"洪宪帝制"的闹剧的康有为，后来却成为"丁巳复辟"丑剧中的主角。

"丁巳复辟"－文圣

"丁巳复辟"，是溥仪在《我的前半生》一书中的说法。学术界称1917年这次事件为张勋复辟。1911年11月，袁世凯被任命为内阁总理，掌握了军政大权。同时，各列强又诱迫革命政府与袁世凯妥协。11 月 26 日，袁世凯与英国公使朱尔典密商，决定由英国驻汉口总领事葛福以非正式口头传话方式，向各省都督府代表提出南北和谈的建议。议和的结果是孙中山把大总统的位置让给袁世凯，清帝退位。和谈双方订出优待清室共八条，主要内容有：清帝退位后其尊号不废，以待外国君之礼相待；清帝退位后，岁费四百万元，由中华民国付与。末代皇帝溥仪虽已逊位，但仍保持清廷的皇朝体制，用宣统年号颁布"上谕"。在袁世凯和溥仪的周围，聚集了众多的复辟力量。一个力图复帝制之辟，想尝尝做皇帝的滋味；一个力图复清朝之辟，想伺机死灰复燃。君权必尊、君主必有的皇权意识，这一植根于相同社会土壤和由文化传统积淀下来的社会心理，同康有为是心心相印的。

关于复辟，溥仪有个说法："复辟用紫禁城里的话说，也叫作'恢复祖业'，用遗老和旧臣们的话说，这是'光复故物''还政于清'。"袁世凯八十三天皇帝梦的幻灭，没有给遗老和旧臣们敲响警钟；袁世凯的去世，却使新的声音在紫禁城内回荡着："袁世凯失败，在于动了鸠占鹊巢之念"，"帝制非不可为，百姓要的却是旧主"。"冒牌货"袁世凯的失败，却勾起了"正宗货"复辟之望。从事这一复辟活动的人们有好几股势力，既有以张勋为代表的武装力量，也有以善耆（肃亲王）、溥伟（恭亲王）、铁良（原军机大臣）等为代表的清室王公贵族势力，还有以劳乃宣、梁鼎芬等为代表的清朝遗老。康有为很难归于哪一种，但他痴情于皇恩浩荡。在对待清室的问题上，康有为作出了错误判断，成为丁巳复辟中的"文圣"，同"武圣"张勋合演了一出后人所谴责的丑剧。

在 20 世纪初是否留辫子，是反清或拥清的标志。1912 年 3

月，南京临时政府大总统令内务部，要在二十天内，把通都大邑与穷乡僻壤中留辫者的辫子剪除净尽。留辫者为社会舆论所不容，不是讥为"豚尾"，就是骂作"满奴"。张勋是公然出来挑战的一介武夫，为表示对清王朝的忠贞，令其部队蓄发梳辫，人称"辫子军"。"辫帅"张勋在清末被任命为江苏巡抚兼署两江总督、南洋大臣，辛亥革命后暂时依附袁世凯，被袁封为中华民国的上将军。他以徐州为基地，大力经营武装，几年工夫，把千余人的部队扩展为六十多营编制、两万余众的"辫子军"。袁世凯死后，他被各省督军一致公举为省区联合会的盟主。他以调停"府院之争"为名，于1917年6月7日带领人马从徐州北上。"府"指以黎元洪为首的总统府，"院"指以段祺瑞为首的国务院。双方在权力之争中都倚重张勋这只筹码，而张勋玩弄了左右逢源的把戏，目标在复辟。6月14日，张勋率部入北京。在6月之前，康有为曾屡次写信给张勋，敦促其使用武力复辟清室帝位。

张勋入京后，密电康有为入京襄赞复辟大业。接到电报后的康有为，化装成老农，于1917年6月26日偕沈曾植等人由津浦路乘车北上。包里塞满了他在上海伏案写就的预草诏书，如《拟复辟登极诏》《拟开国民大会以议宪法诏》《保护名教诏》《定中华帝国诏》《免拜跪诏》《免避讳诏》等。次日，康有为等人在北京正阳门站下车，有四个辫子兵迎上来，以马车载康有为朝张勋官邸驶去。7月1日，年仅12岁的溥仪表示接受下属的吁请，坐上皇帝宝座。发布由康有为事先拟好的复辟诏书，说民主共和政体不适于中国，宣布恢复宣统年号，通电全国，改挂黄龙旗。随后分封官爵，张勋为议政大臣、直隶总督兼北洋大臣，徐世昌为弼德院院长。康有为被封为弼德院副院长兼太傅，赏给头品顶戴，加恩在紫禁城内赏坐二品肩舆。弼德院是清宣统三年（1911）仿日本枢密院设立的顾问国务的机关，设院长、副院长各一人，顾问大臣三十二人。对有职无权的副院长，康有为是很向往的，这可以过一下清室的"臣瘾"。他差不多有二十年未被名正言顺地封赏过。戊戌变法前向光绪保荐过康有为的徐致靖知道后非常气愤，写了一封长信劝他离开北京，不要参加复辟。信的内容为："一、戊戌变法，虽然失败，但我们变法维新的主张是对的。二、我们对光绪皇帝有知遇之感，是因为他能够听我们的条陈，进行变法，而不是因为他是清朝皇帝，所以捧他。三、我们主张君主立宪，并不赞成封建专制。宣统这个孩子，我们对他毫无所知，岂可跟着别人胡闹。四、听说你要做弼德院副院长，而正院长是徐世昌，他是袁世凯的死党，你做他的姨太太，我替你难受。"徐致靖力荐康有为，戊戌政变后因此事被判"绞监候"，即死缓。庚子年出狱赴杭定居，别字"仅叟"，意谓六君子被害，刀下仅存之意。民国后赞成共和政体，康有为事先向徐致靖透露过有人主张复辟的事。徐致靖认为这是做梦。他与康有为是患难之交。1914 年康有为探望徐致靖，两人相跪地上抱头痛哭。徐致靖劝康有为不要捧宣统是有道理的，12 岁的小孩是缺乏判断能力的。康有为想不到"丁巳复辟"是那么的短命，只有十二天时间。在冯玉祥部凌厉攻势下，辫子军不堪一击。为了逃命，士兵剪掉辫子后扔掉，北京城到处可以捡到丢弃的真辫子。这时康有为又化装成老农，于1917 年 7 月 8 日到美国公使馆避难了。康有为的日子并不好过。他在美国公使馆躲了五个月，不敢出门。

在这段难挨的日子里，北京政府在 7 月 7 日明令通缉的复辟分子只剩下康有为、刘廷琛等五人了。康有为不甘心当替罪羊，便于 8 月 3 日发出通电，指斥下令通缉他的代理大总统冯国璋为复辟的主谋。其实张勋等复辟主谋，与北洋军阀本有着不可告人的关系。张勋率兵北上，是应黎元洪之请的，由段祺瑞促成的。封建军阀把罪责推在康有为等文人身上，是为了转移视线，这使康有为处境狼狈得很。1917 年 12 月 6 日晚，美国驻华公使施恩芮派兵用专车护送康有为离开北京。他经天津、青岛、济南，回到了上海，年已花甲的康有为开始了他较为恬静的晚年生活。

天游化人晚年景

康有为的晚年主要是在上海度过的。1914 年 6 月，康有为租赁了盛宣怀家的辛家花园定居了下来。园主人原是犹太人辛溪，因破产落入盛家之手。1921 年，康有为又在愚园路自购地皮，建造了一座占地十亩的游存庐。康有为家中成员庞杂，其中有他的四位夫人和六个未婚子女、十个女仆和三十个男雇员，还有不时寄居的亲属、门生、故旧门人。

原配夫人是张妙华，第二到第六夫人分别为梁随觉、何旃理、市冈鹤子、廖定征与张光。张妙华比康有为大三岁，结婚时她 22 岁，康有为 19 岁。他们之间没有完整的婚姻生活，因为康有为大都不在家。从戊戌年出亡到宣统元年（1909），两人才始得重聚。十余年间，张妙华一人在家照顾康有为的母亲和全家。她颇受康有为的敬重，1922 年去世时，康有为执拂送丧，颇如古礼，并写了墓志铭。他在光绪二十三年（1897）纳妾，因他已 40 岁而无子嗣，张妙华生下的都是女儿。十年后，康有为在美国华侨中游说，到达了西部的非士那市。何旃理，一位粤籍留美女学生，听了演说后倾慕康有为；而康有为正准备找一位通晓英语的女性，以帮助他到各地访问演讲。她陪他旅行，兼做他的秘书和翻译，并自愿做了他的第三个妻子。1914年因患猩红热症而去世。

康有为还有一位妙龄的日本妻子，那就是市冈鹤子。1911年重游日本，旋移居神户附近须磨一间别墅里。翌年，康有为雇了一位16岁的日本少女当女佣，她就是鹤子。康家来往的客人中，以中国人居多，也有不少日本名流。后来她知道，康有为是中国能和皇帝直接对话的少数人之一。她觉得康有为慈善祥和，因而服务周到，康家也因鹤子勤快知礼而对她大有好感。康有为举家迁回上海居住后，便邀她做客，她大喜过望便欣然赴沪。不久，鹤子便成了康的第四位夫人。但比康小了近四十岁的鹤子，夫妻间的不协调可想而知。她同康有为的儿子年龄一样，因朝夕相处而生情感，终致怀孕。事关乱伦，好在鹤子不是中国人，终获网开一面，于1925年悄然回国。不久生下一女，取名绫子。康曾致函给她，她没有回信，埋名隐姓足足达四十六年。直到1971年鹤子才将这段隐私告知一位挚友，并披露于世。1974年2月19日，鹤子在家乡附近卧轨自杀。

康有为最后十年，定居地除上海外，还有杭州与青岛。从1920年到1923年，康有为在西湖丁家山以官价买下一片荒山野岭，依山傍湖修建成一座占地三十亩的庄园，取名一天园。喜爱杭州山水的康有为，想在杭州建一个家庭，恰遇浣纱少女张光。经康有为请人多方说合，张光成了他的第六位夫人。

前已说及，康有为是非常强调男女平等的，主张一夫一妻制的。这种理论与实际不一致的情况，为他作传的学生则有尖锐的批评:"他每天戒杀生,而日日食肉;每天谈一夫一妇,而自己却因无子而娶妾;每天讲男女平等,而其本家之女子未尝独立;每天说人类平等,而自己却用男仆女奴。"对此康有为是觉察到了,但按照他渐进理论,以为这是付诸未来的主张,而自己行为沿用传统习俗更适合于目前境遇。他说自己"好仁"而"主戒杀",但以为"今世必未能行"。只有到大同之世,戒杀才能真正实行。一方面,康有为身体力行"逆乎常纬"的精神,冲破了当时一些陋俗;另一方面,他把理论与实际、未来与当前打成两橛,未能冲破时代的流俗。正是这两方面的结合,构成了一个真实的康有为。

维持大家庭的开支是巨大的。他的开支,一部分是海外宪政会供给的,另一部分是用家产生息,买卖古董书画。1913年,康有为归国后,经广东士绅邓华熙等人联名请求,广东政府发还了被清朝抄没的康氏家产,并给予适当的赔偿。他把广东家产加以变卖,在上海买入地皮,从中获利甚丰。

康有为维持生计的另一办法是鬻书。他在报上登出卖字润格的广告,中堂、楹联、条幅、横额、碑文杂体均写,有求必应。当时的官僚、军阀、富商等,慕"南海康圣人"之名,附庸风雅,趋之若鹜,纷纷出钱收藏康有为的字。此项收入相当可观,月入在一千元左右。声誉已江河日下的康有为,为何有此魅力呢?要把一个人的政治行为和书法艺术加以区别。对书法史有研究的康有为,其书法在近代书坛上是独树一帜的。康有为有着凡人所不具有的名人效应,而人们都有对名人憧憬、崇拜的心情。于逝去的名人,人们对与其有关的遗迹、传说有浓郁的兴趣;对活着的名人,人们期望能得到他们的手迹,从而抬高自身的地位和声誉。康有为靠鬻书之润格,作为维持生计的重要收入，奥秘即在于此。

政治上失意的康有为，寄情于山水间。在生命最后十年间，他游览过青岛、大连、旅顺、绍兴、凤阳、曲阜、普陀、保定、开封、南京、洛阳、西安、济南、长沙、武昌、天津等地，还登过庐山、泰山、清凉山、茅山、崂山、华山、嵩山、雁荡山等风景名胜区。作为一个富于想象的理想主义者，他又自号天游化人，以希冀进入没有斗争、超越社会和地球的太虚乐境。康有为设想在曲阜开办一所大学，事未成。以后他把上海愚园路临街一幢两层楼房作校舍，开办了天游学院。

天游一词，与康有为的天文学研究相关。他自 1880 年年初始习天文学，终生未歇。望远镜中的奇异景象对他的冲击是强烈的。自 1894 年始，他因主要精力投身于社会改革而中断了对天文学的思考。戊戌政变后，他重新拾起旧日爱好。在《大同书》中，他向世人提示要写超乎佛法之外的"天游之学"的著作，此书即《诸天讲》。

由大同乐境走向太虚乐境，康有为以为，这时的人应当具有一种"天人"的境界。康有为认为，愚人不知天，心中只有小家庭，那是"家人"；只知乡里邻族不知天，则为"乡人"；进一步知道有郡邑而不知天，属于"邑人"；进而知有国而不知天，称为"国人"；如能环球大地做旅行，知五大洲如数家珍但不知天，也只能为"地人"。局囿于一家、一乡、一邑、一国乃至地球者，都有大小不等的苦楚。小一些的忧其身、忧其家，大一些忧其国及天下，常常是苦忧多而快乐少。如果知道地球是整个宇宙中的一颗星球，超越了地球这一狭小的空间，即为"天人"。"天人"是"终日欢喜极乐"而无苦楚的。

去苦求乐的人道主义，是源自于康有为对生命的一种欢乐感。对人性所作的享乐主义理解，早在《康子内外篇》《大同书》中已有着力的宣扬。他以为，肉体之享乐与舒服，是每个人过着良好生活的当然因素。1904年，游意大利，他雇用译员以及奥地利的厨师，着华贵的服装，致令坐在马车里的罗马绅士脱帽向他行礼。康有为长期流亡域外，并无多大苦楚，因为他把流亡当作快乐，以满足他从小就滋长的旅游癖。他理论上也有阐发，那就是衡量人类文化进步的标志，取决于人们享乐程度的高低："人类进步有其文化之指标，而文化由享乐之程度量之。"农业文明向工业文明的进度，也是"节俭"向"享受"的行进："农业之国，务尚节俭；而工商之国，势必享乐。"从中可以看出，随着年龄的增加，他的享乐主义人生哲学，无论从实践上还是在理论上都是有增无减。他希冀每个人都成为"天人"，日为天游。超脱人世的天游，尽管这是康有为心灵中的一片绿洲，然而这种生存方式正是他对现实自认失败的昭示。

天游学院正式开学时，注册的学生不满二十人，最后虽增加到九十人，但同万木草堂时四方从学者达数百人规模相比，是今非昔比了。天游学院由他早年弟子龙泽厚任教务长兼授经学，另外聘教授数人。康有为在上半学期主要授《诸天讲》，下半学期讲文章、书法及各家杂说。天游学院办学时间仅一年，是康有为一生中最后一次，也是最不成功的教学活动。

学院的取名同他晚年自号天游化人有关。《列子·周穆王》中有个故事，说周穆王在位时，遥远的西方来了个"化人"。"化人"能潜入水火、穿越金石、颠倒山河、搬移城池；"化人"能升在空中不坠落，碰到实物不会被阻碍，千变万化，不可穷尽。周穆王耗尽国库，为"化人"建造豪华的宫殿，挑选妖娆的处女来服侍，但"化人"仍不满足。住没多久，"化人"请周穆王到天中的宫殿游玩。这宫殿就是清都紫微宫，为天帝所居之处。周穆王感到这一切均非人间所有，住上几十年也不会思家。天游化人的典故，就出在这里。康有为以此取号表示自己超脱人世间一切是非，声称自己终日以读书为乐，懒于接客，癖耽书画，雅好山水，以为南面王之乐无以比之，而甚畏事权。实际上康有为晚年对社会上发生的一切，从来没有泰然处之过，他常常是忙于表态，所持见解可说是错对参半，内中不乏爱国主义情感的流露，也常有对清室的依恋之情。

对"五四"运动，康有为是站在爱国主义立场上同情学生的。他怒斥曹汝霖、章宗祥等人的卖国行为，对学生"外争国权，内惩国贼"的主张，认为是代表四万万之民意，代伸四万万之民权的，视曹汝霖、章宗祥为人人咸欲食其肉而寝其皮的"国贼"。他主张，唤醒全国民众以救被捕学生，并诛杀卖国贼。他对学生的正义行动是积极支持的，表现了他对民族、国家利益认同和维护的爱国主义情感。他打电报给犬养毅，请他转达日本政府，要求归还青岛与日本从山东撤兵。这种利用私交的做法，无疑是不切实际的，但由此可见康有为的爱国之情。

不忘清室之旧情，在他晚年生活中仍有强烈的表现。1922年12月，溥仪与婉容结婚，他在杭州一天园内望阙行礼，作了一首七律送进北京故宫祝贺。1924年，冯玉祥发动政变，把溥仪逐出故宫。次年溥仪逃到天津，在张园重建了小朝廷。怀念旧主的康有为，风尘仆仆地赶到天津觐见。1927年仲春，康有为七十寿辰前一天，徐勤的儿子徐良从天津赶到上海康宅，送来溥仪亲笔写的"岳诗渊清"四字匾额一幅，玉如意一柄，为康有为祝寿。古稀的康有为，直喜得手舞足蹈，一口气写了千余字的谢恩折，以示感恩戴德之心。在清廷被推翻了十六年之久后，他依然耿耿于逊帝溥仪，足见康有为晚年是以清朝遗老自居的。

溥仪对他是有好感的。溥仪在《我的前半生》中说，1927年康有为在青岛去世，"他的弟子求我赐以谥法，按我起初的想法，是要给他的。康有为去世前一年，常到张园来看我，第一次见到我的时候，曾泪流满脸地给我磕头，向我叙述当年'德宗皇帝隆遇之恩'，后来他继续为我奔走各地，寻求复辟支持者，叫他的弟子向海外华侨广泛宣传：'欲救中国非宣统君临天下，再造帝国不可。'他临死前不久，还向吴佩孚以及其他当权派呼吁过复辟。"这些出自末代皇帝回忆录中的文字，是珍贵而翔实的史科。从"丁巳复辟"失败后，到他去世前不久，他一刻也没有忘记过再造大清帝国的使命。如此忠心耿耿的臣属，怎能不给谥号呢？谥法是古代帝王、贵族、大臣、士大夫死后，依其生前事迹，评定一个称号的做法。臣下之谥由朝廷赐予，然而侍奉溥仪的几位遗老却持反对意见。陈宝琛提出，当年康有为说过"保中国不保大清"的话，表明他对清廷缺乏忠诚。胡嗣瑗在旁边附和赞同，而郑孝胥则称，光绪当年受了康有为之害才被囚禁瀛台的。结果是没有赐谥给康有为，气得为此事奔走涉劳的徐良声言要和陈宝琛、郑孝胥等人"以老拳相见"。

康有为去世的地点是在青岛。1923年5月，康有为游济南，6月到青岛，并在两地成立孔教会。他觉得青岛气候宜人，风景殊美，便有打算居住之意。督办熊炳琦租给他一座官房居住。此宅原系德国人占据青岛时的官邸，是一幢二层楼砖木结构的德式住宅。1924年他花钱买了下来，加以改建，题名为

"天游堂"。此后每年春夏，康有为都率家属来避暑，当地人习称为"康家花园"。1927年，他在上海度过七十寿辰后，便于3月18日乘船去青岛。他的一位广东好友来看他，故友重逢，二人在英记酒楼就餐，未终席康有为便腹部大痛，回家后上吐下泻，出血不止，经日本医生验证，由食物中毒引起。1927年3月31日，康有为在青岛病逝。死后葬在距故居不远的李村大象耳山上。"文化大革命"期间，康墓遭破坏，幸好头颅由青岛市博物馆秘密保存。1985年10月27日，青岛市各界代表在浮山南麓康有为的新墓地，隆重举行迁葬和墓碑揭幕仪式。康有为的学生、当代中国名画家刘海粟，以精湛的书法撰写了《康南海公墓志铭》，墓碑古朴高雅。这都反映了人们对维新运动领袖康有为的怀念和尊敬。

是非功过说纷纭

康有为晚年给人以落伍、顽固的形象，但从整体上说，他毕竟是在近代中国的政治、经济、教育、艺术、学术思想等众多领域里，提出了许多进步主张，是得时代风气之先的。

近代中国是个产生思想巨人的时代。尖锐的矛盾与残酷的现实，使人们想得很多很深。思想与时代，相依相生。历史风云里的演变轨迹，时代长河中的惊鸿照影，都在集思想家、政治家、教育家于一身的康有为身上映现出来。19世纪一开始，中国社会就是暗淡无光的，却遇上了列强觊觎不已之心。商品的涌入、炮舰的轰鸣、欧风美雨的侵袭，使古老中国在外力强迫下蹒跚地走向近代。这是康有为出生前，中国社会的基本态相和时序。那是一个上下俱困的时代，是文化上古今中西冲突与融合的时代。中华文化在危机重重的宁静中停滞，西方文化在野心勃勃的变动中飞跃，文化上古与今、中与西的论争，是中近代中国文化乐章的主旋律。鸦片战争的隆隆炮声，是西方人积三百多年之窥探后的狠狠一击。对中国来说，它铭刻了古老中国在武力威逼下被迫步入近代化的第一步；对亚洲来说，东方最后一个封建文化堡垒，被鼓浪而来的英舰撞出了一个无法弥补的大窟窿。如果说，鸦片战争的震荡主要是在东南亚的话，那么，持续四年之久的第二次鸦片战争，把这一震荡带到了中国社会的中枢。它发端于广东一隅而最终进入北京。这场战争的第一年，正是康有为呱呱坠地之时。尔后的历史进程是中法战争、甲午战争在神州大地上的发生。每一次炮声的暂时平静，都给中华民族的脖子上增添了一条屈辱的锁链。由战争推动的文化交流，从来都不是甜蜜的。列强屡屡以暴力冲破中华文化的固有堤防，也有地主阶级一而再再而三地为重建千疮百孔的传统文化藩篱而作的努力。中国人还在作另外一种努力，那就是以传统文化为载体，融进西方文化的新思想，借机创造出一种"不中不西、亦中亦西"（梁启超语）的近代文化来。康有为就是这一类型中的佼佼者。

从整体上考察，康有为是近代中国的一代伟人。在19世纪最后的二十年中，他以锐不可当的改革劲头，著书立说，培育英才，从事变法，构造理论。近代自然科学被康有为所汲取，为他的理论提供了方法论的基础。深沉的忧患意识，强烈的自强意识，是他以民族和国家的利益为归宿的爱国主义情感的体现，也是他政治主张付诸实践的精神内驱力。开设议院、实行三权分立制度、君主立宪等崭露锋芒的政见，是康有为政治思想的主旨，达到了他那个时代所能达到的水平。鉴于传统科举制度的弊端，他的教育思想的重点是废八股，发展西方的新式教育制度；同时教育不能停留在提供有用的知识上，而要培养新的观点与方法。他在广东、广西两地的教育实践中，关于德、智、体发展的人才的思想与实际做法，是近代中国教育改革较早的有益尝试。从事一项崭新事业的人，必须具有"逆乎常纬"的叛逆精神。中国需要经济变动，是康有为及其同时代人的共同主张，中国不能变停滞不前的农业经济为充满活力的工商经济，贫穷落后的面貌是难以改变的。同早期改良派一样，他以一个"商"字来概括整个资本主义经济，提出"以商立国""国以商富"的见解。他又是近代中国最先提出"以工定国"的思想家，尽管不甚系统，但对传统的重农轻商的政策，不仅是沉重的一击，而且吹进了一股工业文明的气息，给中华民族以新的希望。在人的价值问题上，康有为不赞同传统的道德观念价值至上论，认为人与动物的区别在于知识而不是儒家所说的道德。人不是蛮力称雄的，是以"学强"与"智强"雄踞于动物之上。人禽之辨在"智"的新说，是同西方文化人的价值学说一致的，洋溢着科学精神与理性之光。普及新式教育制度以开民智，不停顿地开设各种学会，兴办众多报刊，是与上述新说相联系的。中国教育的近代化，大众传播媒介在近代中国确立它不可动摇的地位，是不应该忘记康有为的。从不缠足会的创立，反封建陋习，到《大同书》中妇女解放为社会解放先导思想的揭橥，证实了康有为是近代中国妇女解放运动的先驱者。"大同之世"的精心设计，其间不乏空想的因素，但批判的矛头直指封建的专制主义、等级制度、三纲五常、宗法家族，是他社会理想的典范写照。去苦求乐的人道主义，表达了他对黑暗现实的否定与对光明未来的憧憬。康有为把西方进化论同儒家公羊"三世"说相结合，融进了资产阶级天赋人权论与平等、自由、博爱的思想，构成了一个颇具特色的哲学体系。要之，康有为是一个在各个领域里，对中国由中世纪走向近代化的历程中，起过重大推动作用的思想家。一代伟人的桂冠，加诸康有为头上，绝无过誉之处。

他的进步主张，曾深深地打动过许多青年的心扉。他是当时青年崇拜的偶像。在湖南湘潭这么一个偏僻的地方，一位身材高大的年轻学生，在油灯下一遍又一遍地诵读关于康有为与梁启超的文章："我写得一手好古文，但是我无心读古文。当时我正在读表兄送给我的两本书，讲的是康有为的变法运动……这两本书我读了又读，直到可以背出来，我崇拜康有为和梁启超，也非常感谢我的表兄。"这段话见于斯诺的《西行漫记》，这个青年就是毛泽东。足见康有为的思想所起的启蒙作用，在当时是无与伦比的。顽固分子如许应骙、文悌、叶德辉、苏舆、余晋珊等人，无不视康有为为乱臣贼子。梁启超在公祭乃师时，含泪宣读了《公祭南海先生文》。祭文中说，康有为"发愤国耻，旁求贤良"，尔后"上书痛哭，前席慷慨，谓瓜分迫于目睫，非维新无以自强。帝遽动容，举国从将，鞠百日之施设，实宏远而周详"。据此功绩，"后有作新中国史者，终不得不以戊戌为第一章"，断言这是"万世之公论"。对他的晚年则指明："复辟之役，世多以此为师诟病，虽我小子，亦不敢曲从而漫应。"功劳是充分肯定，而过错则委婉提出，是比较合乎实际的。

任何伟人都是有缺点的。进入20世纪以后，康有为渐趋保守落伍。这里有传统文化的影响、个人的际遇，也有他对社会发展的见解以及个人的学术修养、心理因素等原因。这些因素的综合，使康有为跟不上时代的步伐。庸俗进化论、念念不忘光绪皇帝的隆宠之恩、传统的帝王心术决定论的阴影、对孔子及其学说的盲目崇拜、不愿也不想跟上时代发展步伐的顽固心理……这一切使他晚年走上了一意保皇、反对革命、鼓吹孔教、力主复辟的保守道路。20个世纪中拉动历史车轮前进的好手，沦落为阻挡时代前进的活化石。一如陈独秀《孔子之道与现代生活》中所言："不图当日所谓离经叛道之名教罪人康有为，今亦变而与夫未开化时代之人物之思想同一臭味。"近代中国不同时期起主导作用的社会角色，犹如走马灯一般急剧更换，革命派与激进民主主义者在20世纪的崛起，使康有为种种主张没有往日夺目的光彩了。著名学者冯友兰在《新事论》中提出了一个令人深思的问题："在民初人的心目中，康有为是一个国粹论者，是一个'老顽固'。在清末人的心目中，康有为是一个维新论者，是一个叛徒。何以一个国粹论者，能主张维新？"清末与民初，是两个有着较大差别的时期。从一个被认为精神上导师的康有为，易为一个似活化石般的"老顽固"，反差何其大也！这种反差在严复及稍后一些的章太炎身上，都重复出现过。对这种带规律性的回归现象如何看待，是近代中国文化变迁与社会改革的一个重大问题。

对历史文化名人的评价，应当从他对当代、对后代的实际社会作用来作出客观评价。准此而言，康有为晚年的保守主张及其社会影响的缩小，不足以掩盖掉以往历史中迸发出来的耀眼光芒。时代进退犹如潮涨潮落。潮涨时，康有为最先张开双臂拥抱那先期抵达的潮水；潮退时，他又率先离开那创造过光辉业绩的陆地。康有为，一个名副其实的弄潮儿，近代中国改革与保守兴衰消长史的见证人。

附　录

年　谱

1858 年（咸丰八年）　3 月 19 日，生于广东省南海县银塘乡（今名银河乡）。

1868 年（同治七年）　父康达初卒。康有为跟祖父康赞修一起生活。在祖父引导下，览《纲鉴》，观《明史》《东华录》，读《明史》与《三国志》等史籍。

1874 年（同治七年）　见徐继畬编著的《瀛环志略》，由此知万国之故，地球之理。

1876 年（光绪二年）　应乡试不售。从著名学者朱次琦学于九江礼山草堂。

1877 年（光绪三年）　祖父康赞修去世，对康有为打击很大。

1879 年（光绪五年）　与翰林院编修张鼎华相识，知京朝风气及新思想，眼界为之一开。

1880 年（光绪六年）　从事经籍与公羊学的研究。

1881 年（光绪七年）　在家乡从事史学与宋儒之研究，为他一生读书最多一年。

1882 年（光绪八年）　参加顺天乡试不第。秋南归途中经上海，大量购买江南制造局翻译馆的西书。

1883 年（光绪九年）　居家读书。与区谔良创不缠足会，为近代中国之首创。

1884 年（光绪十年）　以数年探索，初步形成维新变法的思想体系。

1885 年（光绪十一年）　应张鼎华之请游北京。从事数学研究，始以几何学原理著《人类公理》。

1886 年（光绪十二年）　始著《康子内外篇》《教学通议》等书。

1887 年（光绪十三年）　游香港。继续编著《人类公理》《康子内外篇》。

1888 年（光绪十四年）　12 月 10 日，首次向光绪上书，受顽固派之阻，不得上达。

1889 年（光绪十四年）　上书未达转而把注意力集中在书法研究上，撰《广艺舟双楫》一书。

1890 年（光绪十五年）　春居广州。是年，陈千秋、梁启超来从学。

1891 年（光绪十六年）　开讲堂于广州长兴里，订立学规，著《长兴学记》。刊行《新学伪经考》。

1892 年（光绪十七年）　移讲堂于广州卫边邝氏祠，学者渐众。

1893 年（光绪十八年）　继续讲学，正式启用"万木草堂"之名。

1894 年（光绪二十年）　8 月，《新学伪经考》被毁版。12 月，到桂林讲学四十天，著《桂学问答》。

1895 年（光绪二十一年）　《马关条约》签订。5 月，康有为联合各省入京应试一千三百余人，联名上书光绪帝，要求拒和、迁都、练兵、变法，史称"公车上书"。9 月，筹设强学会于北京。

1896 年（光绪二十二年）　刊行《强学报》。京沪两地强学会被封。继续讲学于广州万木草堂，续成《孔子改制考》《春秋董氏学》《日本变政记》等。

1897 年（光绪二十三年）　到桂林，与岑春煊、唐景崧等一起组织圣学会，创办广仁学堂。《孔子改制考》《春秋董氏学》《日本书目志》，由上海大同书局刊行。

1898 年（光绪二十四年）　向光绪进呈《日本变政考》《俄彼得变政记》，请求光绪速行变法。4 月，在北京成立保国会。6 月 11 日，光绪下"明定国是"诏书，正式宣布变法维新。6 月 16 日，光绪召见康有为并与他长谈。9 月 21 日，慈禧发动政变，下令逮捕康有为。康有为在英国帮助下，由上海经香港到日本避难。是年，清廷下多次密令，要把康有为、梁启超一并严拿归案。

1899 年（光绪二十五年）　到加拿大温哥华，受到华侨热烈欢迎。7 月，联合华侨创立保皇会。

1900 年（光绪二十六年）　2 月，由香港抵新加坡接受英国保护。7 月，授意唐才常在上海组织自立军，欲以武力恢复光绪帝的皇位。

1901 年（光绪二十七年）　居槟榔屿，作《中庸注》《孟子微》。

1902 年（光绪二十八年）　1 月，定居印度北部山城大吉城，专心著述。完成《论语注》《大学注》《礼运注》，早年就有考虑的《大同书》完稿。

1903 年（光绪二十九年）　离印度，在东南亚各国漫游。

1904 年（光绪三十年）　游历欧洲各国。11 月，返回加拿大。以旅途见闻作《欧洲十一国游记》。

1905 年（光绪三十一年）　自温哥华南游美国。11 月，在游历美国各地后赴墨西哥。

1906 年（光绪三十二年）　1 月，抵墨西哥城，之后在各地参观。6 月，墨西哥总统迪亚斯接见康有为。

1907 年（光绪三十三年）　漫游欧洲各国。

1908 年（光绪三十四年）　游埃及开罗。续游欧洲，主要游历东欧。11 月，光绪帝病逝，康有为泣血呼号，著《讨袁檄文》，请诛袁世凯。

1909 年（宣统元年）　居槟榔屿。再游埃及、耶路撒冷、瑞士、德国、英国、美洲、印度。

1910 年（宣统二年）　迁居新加坡。

1911 年（宣统三年）　重游日本。10 月，辛亥革命爆发，康有为撰《救亡论》《虚君共和论》，提出"虚君共和"的主张。

1912 年　中华民国建立。9 月，撰《孔教会序》，鼓吹中国立孔教为国教。

1915 年　12 月，袁世凯宣布称帝。康有为与梁启超等人在上海策划举兵倒袁。

1916 年　6 月，袁世凯病死。9 月，到曲阜祭孔。致电黎元洪，要求定孔教为国教。

1917 年　6 月，参与张勋复辟活动。7 月，被溥仪任命为弼德院副院长。

1919 年　4 月，刊行《大同书》甲乙两部单行本。

1922 年　游山东曲阜，登泰山。

1923 年　在全国各地游历，多次发表演讲。

1924 年　游西安、洛阳、嵩山、武昌等地。在武昌祭扫唐才常墓。

1925 年　2 月，溥仪到天津日租界张园居住，康有为从上海前往觐见。

1926 年　3 月，创办天游学院。《诸天讲》完稿。

1927 年　2 月，赴天津祝溥仪寿辰，再次向溥仪表示自己对清室的忠心。

　　　　3 月，康有为七十大寿，溥仪"赐寿"。抵达青岛。3 月 31 日，病逝。
葬于生前自择的青岛李村象耳山墓地。

主要著作

1. 《康子内外篇》。

2. 《实理公法全书》。

3. 《新学伪经考》。

4. 《孔子改制考》。

5. 《长兴学记》。

6. 《桂学答问》。

7. 《上清帝第一书》。

8. 《上清帝第二书》。

9. 《日本变政考》。

10. 《俄彼得政变记》。

11. 《春秋董氏学》。

12. 《答南北美洲诸华商论中国只可行立宪不可行革命书》。

13. 《论语注》。

14. 《大学注》。

15. 《孟子微》。

16. 《礼运注》。

17. 《大同书》。

18. 《欧洲十一国游记》。

19. 《共和政体论》。

20. 《孔教会序》。

21. 《诸天讲》。